Mamma Maria!

Familienrezepte aus Sizilien

Mamma Maria!
Familienrezepte aus Sizilien

Cettina Vicenzino

mit Geschichten von Giusi Vicenzino
Fotos von Cettina Vicenzino

CHRISTIAN

Verantwortlich: Sonya Mayer
Korrektur: Petra Tröger
Umschlaggestaltung: Marcus Taeschner
Satz: Cettina Vicenzino
Herstellung: Bettina Schippel
Repro: LUDWIG:media
Text, Rezepte und Fotos: Cettina Vicenzino
(www.cettinavicenzino.com)
Die Geschichten auf den Seiten 26–27, 42, 128, 152, 162–163 stammen von Giusi Vicenzino.

Printed in Slovenia by Florjancic

★★★★★

Sind Sie mit diesem Titel zufrieden? Dann würden wir uns über Ihre Weiterempfehlung freuen. Erzählen Sie es im Freundeskreis, berichten Sie Ihrem Buchhändler oder bewerten Sie bei Onlinekauf. Und wenn Sie Kritik, Korrekturen, Aktualisierungen haben, freuen wir uns über Ihre Nachricht an:
Christian Verlag, Postfach 40 02 09,
D-80702 München oder per E-Mail an
lektorat@verlagshaus.de

Unser komplettes Programm finden Sie unter:

www.christian-verlag.de

Die Deutsche Nationalbibliothek verzeichnet diese Publikation in der Deutschen Nationalbibliografie; detaillierte bibliografische Daten sind im Internet über http://dnb.d-nb.de abrufbar.

Taschenbuchausgabe des 2009 erschienenen Titels *Mamma Maria!* mit der ISBN 3-88472-948-9

ISBN 978-3-95961-281-4

Inhalt

Vorwort

Von Joachim Kummerer

Das Jahr 2008 war für mich ein Jahr der Veränderungen. Neben vielen Dingen, die ich in meinem Leben neu organisieren musste, lernte ich auch Italien kennen. Italien, so wie ich es aus vielen Urlauben kannte? – Nein! Nicht das Italien im Norden mit seinen Bergen, sondern eine Insel ganz im Süden des Stiefels – SIZILIEN.

Im September 2008 lud mich meine Lebensgefährtin Cettina ein, ihre Familie auf Sizilien zu besuchen. Ich musste nicht lange überlegen, und so flogen wir zusammen in das Land, wo ganzjährig die Zitronenbäume blühen sollen. In den ersten Tagen bei der „Familie" war mir schnell klar, dass dies kein normaler Urlaub würde. Der Tag war geprägt durch Essen, Essen, Essen ... Schon während der Hauptmahlzeit wird in großer Diskussion der Essensplan für den nächsten Tag aufgestellt. Was wird gekocht, wer kocht, wo wird gekocht. Die Hauptessenszeit findet meist zwischen 14:00 und 16:00 Uhr statt. Die Familie trifft sich um die Mittagszeit bei Maria, Cettinas Mamma, und dann geht es in der Küche rund. Unter Marias Regie werden sizilianische Köstlichkeiten zubereitet und der Familie in drei bis vier Gängen serviert.

Ich kann mich noch gut an mein erstes Mittagessen bei Maria erinnern, wo ich mich schon beim ersten Gang, bei der Pasta, satt aß. Ich wickelte die Pasta mehr oder weniger kunstvoll um die Gabel, bis mich Maria aufforderte, doch den Löffel zu Hilfe zu nehmen: „Gete doch viel besser mit die Löffel, Joacino." Im weiteren Verlauf des Essens wurde ein Gang nach dem anderen kredenzt. Jeder Gang forderte meine Geschmacksnerven bis zum Äußersten. Aber warum erzähl ich Ihnen das alles? Probieren Sie die köstlichen Rezepte von Maria doch selbst aus.

Viel Spaß beim Nachkochen!

Ihr Joachim Kummerer

Einführung

Im Alter von sechs Jahren war mein Berufswunsch, „Künstlerin" zu werden. Mit zwölf Jahren dann „Modedesignerin". Entscheiden konnte ich mich erst mal nicht und so landete ich mit 16 Jahren in einer Großküche für Partyservice. Hier verbrachte ich mein Schulpraktikum und lernte, wie man mit einem Messer im Wiegeschnitt Kräuter zerkleinert oder wie man ein Messer überhaupt hält, sodass man nur die Zwiebeln und nicht die Finger gleichmäßig schneidet.

Zu dieser Zeit hatten meine Eltern längst in Köln ein Restaurant eröffnet, das sehr schnell gut lief. Das Essen und das Zubereiten von Essen waren neben meinen Kunst- und Moderäumen immer allgegenwärtig. Der Duft in Pizzerien ist für mich auch heute noch Inbegriff von Wärme, Frieden und Geborgenheit.

Ich entschied mich dennoch für Mode und Kunst. Allerdings lief mit der Zeit – wie sollte es für eine Sizilianerin anders sein – wieder alles nur aufs Essen hinaus. Meine Kunst wurde immer essbarer und meine Ausstellungen entwickelten sich mehr und mehr zu Essensveranstaltungen. Etwas wollte zurück zum Ursprung. Und gelandet bin ich dann wieder beim Essen. Bei meinen sizilianischen Wurzeln und der Kochkunst meiner Mutter. Das Ergebnis ist nun dieses Kochbuch mit traditionellen sizilianischen Rezepten meiner Mutter Maria Bassotto. Ergänzt werden die Rezepte mit Familiengeschichten, geschrieben von meiner ältesten Schwester Giusi Vicenzino.

Für dieses Buch habe ich eine Auswahl von einfachen, von gängigen, von ursprünglichen, von ungewöhnlichen, von aufwendigen und auch von geheimen Rezepten getroffen, um ein wenig die Bandbreite der sizilianischen Küche aufzuzeigen. Dennoch war es nicht einfach, die sizilianische Küche auf eine bestimmte Rezeptanzahl zu reduzieren, denn sie ist aufgrund der Einflüsse verschiedener Eroberer so unglaublich vielfältig und multikulturell wie sonst kaum eine Küche.

Sizilien mit seinen etwa fünf Millionen Einwohnern war in seiner Geschichte selten politisch selbstständig und bekam sehr häufig unerwünschten Besuch. Die Liste der Fremdherrschaften, Eroberungen und fremden Kulturen ist auf Sizilien sehr lang. Angefangen bei den angesiedelten Sikanern und Sikulern, den erobernden Phöniziern, Griechen, Karthagern, Römern, Vandalen, Ostgoten, Byzanthinern ... bis hin zur Eroberung durch Araber, Normannen, Staufer, Anjous, Spanier ... kam es später sogar zum Tausch Sizilien gegen Sardinien zwischen dem Haus Savoyen-Piemont und Österreich.

Erst 1861 wurde Sizilien nach der Invasion des Freiheitskämpfers Garibaldi mit Italien vereinigt. Aber ab hier fängt die subtilere Machtergreifung Siziliens durch eine Geheimgesellschaft an, die Sizilien zur ihrer Sache gemacht hat, der Cosa Nostra, der Mafia.

Von den alten Griechen erhielt Sizilien aufgrund seiner dreieckigen Form seinen ursprünglichen Inselnamen: Trinacria. Das Dreieck steht auch symbolisch für Weiblichkeit und da Sizilien ein sehr fruchtbares Land ist, gilt die größte Insel im Mittelmeer als weiblich.

Das sizilianische Wahrzeichen heißt immer noch Trinacria und stellt das alte Sonnensymbol, gekennzeichnet durch drei abgewinkelte Beine, dar. In der Mitte ein Frauenkopf, ursprünglich das Haupt der Medusa, später dann das Haupt der Fruchtbarkeitsgöttin Ceres. Vier Schlangen umrahmen das Haupt und zwei Flügel springen wie zwei große Ohren links und rechts hervor.

Durch den ständigen geschichtlichen Machtwechsel hat Sizilien stark an innerer Stabilität verloren, jedoch hat es gleichzeitig gerade durch diese ständige Auseinandersetzung mit fremden Kulturen sehr an Vielfalt und Reichtum nicht nur architektonisch und botanisch, sondern insbesondere auch in seiner außergewöhnlichen Kochkunst gewonnen.

Vor allem die Araber hinterließen in der sizilianischen Küche deutliche Spuren. Ganz besonders in der bunten Süßspeisenzubereitung wie der Cassata-Torte (für die die Griechen wiederum den Ricotta nach Sizilien gebracht haben) oder den süßsauren Speisen wie dem *Cunigghiu a cacciatura* oder den süßlichen *Sardi a beccaficu.*

PALADINI
SICILIANI
ORLANDO

Jeder Eroberer hat Sizilien neue Geschmacksrichtungen und Lebensmittel gebracht und auch neue Methoden der Lebensmittelverarbeitung. Die Araber errichteten auf Sizilien nicht nur Bewässerungsanlagen, wodurch die Insel zum Erblühen gebracht wurde, sondern führten auch Zucker, Reis, Zitrusfrüchte, Gewürze, Mandeln und das Zubereiten von Couscous und Sorbeteis ein.

Die Griechen brachten außer dem Ricotta, der ein beliebter Käse für die Süßspeisenherstellung ist, auch Oliven, Honig und den Weinanbau mit. Die beliebtesten Gemüse der Sizilianer, Tomaten und Auberginen, sind ein Mitbringsel der Spanier und die Zubereitung von Stockfisch stammt aus der Zeit der Normannen.

Aus diesen ganzen Mitbringseln und Herstellungstechniken verschiedener Kulturen ist dennoch eine authentische sizilianische Küche entstanden, die sich eben durch eine eigenständige und gekonnte Vermischung dieser multikulturellen Errungenschaften in der Kochkunst auszeichnet.

Alle Rezepte in diesem Buch stellen die traditionell sizilianische Küche dar, wie sie von Generation zu Generation weitergegeben wird, die jedoch selbst auf Sizilien von Stadt zu Stadt und auch von Köchin zu Köchin stark variiert. Meine Rezepte sind ein kleiner Teil des Kochrepertoires meiner Mutter, die wie meine ganze Familie in dem kleinen Dorf Militello in Val di Catania, also in der Nähe der Stadt Catania, geboren wurde. Später wuchs meine Mutter in Catania auf, wo sie schon als Kind als Hausmädchen nicht nur putzen, sondern auch kochen lernen musste. In dieser schweren Zeit einer heute fast unvorstellbar harten Kindheit entstand gleichwohl außer einer großen Kreativität und Fantasie auch eine Kochkunst, die später nicht nur ihre Familie, sondern auch die Gäste ihres Restaurants verzauberte. Eine Kochkunst, die auf mich schon als kleines Kind eine fast heilende Wirkung auf meinen Körper und auf meine Seele hatte.

Die Speisen meiner Mutter sind immer sehr gut gewürzt und in fast allen Gerichten kommt die lebendige Schärfe der Peperoncini durch. Der Ursprung ihrer Kochkunst liegt in der Stadt Catania, der Vulkanstadt der Insel, wo der temperamentvollste Berg Europas, der Vulkan Ätna, residiert. Aber trotzdem kocht jede Catanesin wieder ein wenig anders, ein wenig individueller, vielleicht ein wenig nach dem, was sie in ihren Genen von den jeweiligen Eroberern vererbt bekommen hat. Eine kocht ein wenig mehr arabisch, die andere ein bisschen mehr normannisch und eine andere wieder etwas mehr spanisch. Aber eines haben sie fast alle gemeinsam: Ihre Küche ist im wortwörtlichen Sinne eine sehr bodenständige, die sich der reichhaltigen regionalen Erträge, die das Land saisonal hergibt, bedient. Sizilianische Landerzeugnisse sind von außergewöhnlich guter Qualität. Der etwa 3300 Meter hohe Ätna ist nicht nur ein feuerspeiender Griesgram, sondern spuckt sozusagen auch Fruchtbarkeit aus. Die Erde aus seiner Asche ist reich an Mineralien, locker, daher gut durchwurzelbar, und kann viel Wasser und andere Nährstoffe binden.

Natürlich wird auch in Sizilien nicht nur die traditionelle Küche gekocht, auch wenn die Sizilianer ihre Küche über alles lieben. Viele sind auch sehr kreativ, moderne Impulse in die traditionelle Küche einfließen zu lassen. Ich selbst mag aber gerade in der Küche die Erhaltung von Altem und Traditionellem. Und wenn es nach mir ginge, bräuchte es gar nicht so viele moderne Köche auf der Welt zu geben, die die traditionelle Küche mit immer wieder neuen Rezepten zu revolutionieren versuchen. Ich könnte mich mein Leben lang nur von diesen Rezepten ernähren, ohne ihrer je überdrüssig zu werden. *Viva la mamma Maria!*

Virdura GEMÜSE

Ganz klar, die Tomate und die Aubergine sind Gemüse Nummer eins auf Sizilien. Aubergine wird in allen Variationen zubereitet und die Liste der Rezepte ist unendlich lang. Der Weg der Aubergine zu den Sizilianern führt über Asien nach Arabien, von Arabien nach Spanien und von Spanien nach Sizilien. Und weil die Aubergine früher klein, weiß und eiförmig war, hieß sie auch „spanisches Ei".

Neben den zwei beliebten Nachtschattengewächsen – der Tomate und der Aubergine – wird auf Sizilien aber auch viel mit wild wachsenden Pflanzen gekocht, die auch oft selbst gepflückt werden, zum Beispiel wilder Fenchel, wilder Spargel, wilder Mangold, *Sinapa* (Senfkraut), Borretsch, Zichorie ... Ich weiß noch, dass wir als Kinder auf unserer *campagna* vor allem den wilden Fenchel gesammelt haben, wenn es *Pasta 'cca muddica e finucchiu* gab.

Das Gemüse auf Sizilien wird am liebsten erntefrisch verarbeitet und kommt daher meist vom Boden direkt in den Topf. Somit erhalten die Speisen den Geschmack der sizilianischen Erde.

Ciuri di cucuzza fritti

Frittierte Kürbisblüten

Zutaten für 4 Personen

16 Blüten von gelben Kürbissen
1 Ei
5 EL Mehl
5 EL Semmelbrösel
Salz, Pfeffer, Olivenöl

Zubereitung: 20 Minuten

Kürbisblüten unter fließendem Wasser vorsichtig abspülen. Der innere Blütenteil mit den Staubgefäßen kann mit verzehrt werden und muss daher nicht entfernt werden.

Ei mit Salz und Pfeffer verschlagen. Blüten im Mehl, dann im Ei und zum Schluss in den Semmelbröseln wenden.

Reichlich Öl in einer Pfanne erhitzen und die Blüten darin goldgelb ausbacken.

Dies ist ein sehr altes überliefertes Rezept für Kürbisblüten.

Ciuri di cucuzza chini

Gefüllte Kürbisblüten

Zutaten für 4 Personen

12 Blüten von gelben Kürbissen oder Zucchini
2 Mozzarellakugeln
6 Anchovis
4 EL Mehl
gemahlener getrockneter Peperoncino
Muskatnuss, Salz, Olivenöl

Zubereitung: 30 Minuten

Blüten unter fließendem Wasser vorsichtig abwaschen. Mozzarella in kleine Streifen schneiden und Anchovis halbieren. Die Blüten mit etwa drei Streifen Mozzarella und einer Anchovishälfte füllen.

Für den Teig: Mehl in eine Schüssel geben und mit etwas Wasser zu einem dickflüssigen Teig verrühren. Mit Peperoncino, frisch geriebener Muskatnuss und Salz würzen.

Reichlich Öl in einer Pfanne erhitzen. Gefüllte Blüten in den Teig geben, abtropfen lassen und Blütenenden vorsichtig zudrehen, damit der Käse beim Braten nicht herausschmilzt. In dem heißen Öl von beiden Seiten goldbraun ausbacken und heiß servieren.

Statt der Anchovis kann auch gekochter Schinken verwendet werden.

Cucuzzeddi 'cca menta
Zucchini mit Minze

Zutaten für 4 Personen

3 mittelgroße Zucchini
3–4 Knoblauchzehen
1 EL frische Minze
3 EL Weißweinessig
Salz, Pfeffer, Olivenöl

Zubereitung: 20 Minuten

Zucchini waschen und quer in mitteldicke Scheiben schneiden. Olivenöl in einer Pfanne erhitzen und die Zucchinischeiben darin anbraten. Zucchini aus der Pfanne nehmen und im selben Öl den in Scheiben geschnittenen Knoblauch goldgelb anbraten.

Die Zucchini erneut in die Pfanne zu dem Knoblauch geben und mit der Minze bestreuen. Den Essig zugeben und die Pfanne sofort mit einem Deckel abdecken und die Flamme ausmachen.

Etwa 1 Minute ziehen lassen, salzen und pfeffern, erkalten lassen und als Vorspeise servieren. Je länger die Zucchini ziehen, umso besser kann sich der Geschmack entfalten.

Auf die beschriebene Art und Weise kann man auch frischen Thunfisch oder Sardinen zubereiten. Allerdings müssen diese vor dem Anbraten in Mehl gewendet werden.

Il Ristorante Das Restaurant

Von Giusi Vicenzino

Sonntags gab es nun immer ein festliches Mittagessen. Die Tischdecke war von Mamma bestickt und es wurden die besten Gläser herausgeholt. Nach dem Mittagessen gingen wir in der Altstadt spazieren. Das Stadtzentrum war für uns ein Ort voller neuer Eindrücke; alle spazierten entlang der endlosen Einkaufsstraßen inmitten von luxuriösen Schaufenstern. Ein Duft von Waffeln und Vanillezucker vermischte sich mit dem Geruch von Würstchen und Pommes frites. Dies alles begleitet von Straßenmusikanten, die die monotonen Laufschritte der Passanten unterbrachen. Dann hinein in das italienische Eiscafé! Außergewöhnliche Gläser, gefüllt mit Eis in Form von Spaghetti, gekrönt mit roter Erdbeersauce und zum Schluss mit weißer Schokolade bestreut. Wenn es dunkel wurde, war es für die Familien Zeit heimzukehren.

Meine Mamma arbeitete direkt nach unserer Ankunft in Deutschland in der Küche eines großen Klinikums. Sie begann als Tellerwäscherin und nach zwei Jahren hatte sie sich den Platz der Köchin für Diabetikerspeisen erobert, obwohl sie kaum lesen und schreiben konnte. Sie hatte einen starken Willen und einen großen Ehrgeiz; Berge waren für sie nur kleine Stufen, ihre kleinen Füße schienen Siebenmeilenstiefel zu tragen. Disziplin und Beherrschung waren ihre Tugenden, sie lebte gerne in der Realität, in der es keinen Platz für Träumereien gab. Sie hatte große Ziele. Eines davon war, ein eigenes großes Haus zu besitzen.

Mamma und Papà pachteten ein Restaurant. Die heilige Pizza, Schutzpatronin der Emigranten, stets zu deren Diensten, gab meinen Eltern viel Lebenskraft. Das Restaurant war eine alte, heruntergekommene Kneipe, die seit Jahren leer stand und die viele Pächter abgeschreckt hatte. Die Eröffnung war ein großer Tag. Der schäbige Laden hatte sich mit wenig Geld, aber mit viel Liebe in ein wundervolles Restaurant verwandelt. Papà war so voller Enthusiasmus und Zufriedenheit, dass er die heißen Pizzableche mit bloßen Händen aus dem Pizzaofen holte.

Das gute Essen sprach sich schnell herum und es kamen Gäste aus der ganzen Region. Die Geldsorgen gingen, aber die Sehnsucht nach der Heimat wurde von Tag zu Tag größer.

Pizza

DM

46 PIZZA NAPOLI mit Tom., Käse, Knoblauch, Origano
47 PIZZA MARGERITA mit Tom., Käse, Origano
48 PIZZA CIPOLLA mit Tom., Käse, Zwiebel, Origano
49 PIZZA PEPERONI mit Tom., Käse, Paprika, Origano
50 PIZZA ROMANA mit Tom., Käse, Sardellen, Origano
51 PIZZA PUGLIESE mit Tom., Käse, Zwiebel, Kapern, Origano
52 PIZZA SALAMI mit Tom., Käse, Salami, Origano
53 PIZZA BELVEDERE mit Tom., Käse, Paprika, Oliven, Kapern, Origano
54 PIZZA FUNGHI mit Tom., Käse, Champignons, Origano
55 PIZZA TONNO mit Tom., Käse, Thunfisch, Origano
56 PIZZA VENETA mit Tom., Käse, Artischocken, Salami, Origano
57 PIZZA MARGELLINA mit Tom., Käse, Paprika, Muscheln, Sardelle, Origano
58 PIZZA CAPRICCIOSA mit Tom., Käse, Paprika, Artischocken, Zwiebel, Schinken, Oliven, Origano
59 PIZZA CALZONE (zusammengeklappte Pizza) mit Tom., Käse Schinken, Eier, Champignons, Origano

Extras werden gesondert berechnet.

Mein Vater empfand zuweilen ein so starkes Heimweh, dass er morgens den ersten Flug nach Catania nahm, zum Großmarkt ging, um sich ein Stück seines Landes in Form von Schwertfisch, Thunfisch, Muscheln, Stockfisch und anderen Gaumenfreuden mitzunehmen. Abends nahm er dann den Rückflug nach Deutschland. Wir packten voller Aufregung alle Taschen aus. Unfähig, sich für nur ein Gericht zu entscheiden, kochte meine Mamma alles gleichzeitig. Unser Deutschland füllte sich plötzlich mit Duft von Zitronen, Basilikum, frischen Tomaten und Olivenöl und für eine kurze Zeit waren wir wieder auf Sizilien.

Capunata siciliana

Sizilianischer Gemüseeintopf

Zutaten für 4 Personen

3 mittelgroße Kartoffeln
1 Aubergine
3 kleine Paprikaschoten (grün und rot)
1 große Zwiebel
2 EL Kapern
10 grüne Oliven
1 frischer Peperoncino, gehackt
1 Stange Staudensellerie
400 g reife Tomaten
1 EL gehacktes Basilikum
Salz, Olivenöl

Zubereitung: 1 Stunde plus 30 Minuten Entwässern

Aubergine in große Stücke schneiden, in ein Sieb geben, mit Salz bestreuen und 30 Minuten abtropfen lassen. Unter fließendem Wasser abspülen, restliche Flüssigkeit leicht ausdrücken und mit Küchenpapier trockentupfen. Kartoffeln schälen, Paprika putzen und beides in große Stücke schneiden. Jede Gemüsesorte dann einzeln in heißem Öl anbraten, bis das Gemüse halb gar ist.

Öl in einer Pfanne erhitzen und die klein geschnittene Zwiebel mit den Kapern, den Oliven, dem Peperoncino und dem in Stücke geschnittenen Sellerie anbraten. Tomaten kurz in heißes Wasser tauchen, enthäuten, Stielansätze entfernen, das Fruchtfleisch klein schneiden und zu dem Zwiebelgemisch geben. Die Sauce einkochen lassen, bis die Flüssigkeit verdampft ist. Dann ein Glas Wasser angießen und die Kartoffeln hinzufügen.

Sollten die Kartoffeln noch nicht gar, die Tomatensauce aber schon sehr eingekocht sein, so gießt man noch etwas Wasser hinzu.

Sobald die Kartoffeln gar sind, die Auberginen- und Paprikastücke und das Basilikum hinzuzufügen, salzen und alles weiterköcheln lassen, bis das Gemüse gar ist.

Das Gemüse kann heiß und auch kalt serviert werden.

Eine Variante wird ohne Kartoffeln und ohne Wasser zubereitet. Stattdessen fügt man dem Gemüse 1 Esslöffel Zucker und ein halbes Glas Weißweinessig hinzu und übergießt das Ganze vor dem Servieren mit etwas Olivenöl.

Puppetti di mulinciani

Auberginenbällchen

Zutaten für 8 Bällchen

3 Auberginen
30 g Pancetta (oder Frühstücksspeck)
1 große Knoblauchzehe
frischer Peperoncino
2 EL gehackte glatte Petersilie
60 g Pecorino siciliano, gerieben
2–3 EL Semmelbrösel
1 EL Mehl
1 Ei
Salz, Olivenöl

Zubereitung: 30 Minuten

Auberginen schälen und klein raspeln. Mit Salz bestreuen und 5 Minuten zum Entwässern stehen lassen. Die ausgetretene Flüssigkeit abgießen und die Auberginenmasse mit den Händen nochmals gut ausdrücken.

Pancetta klein schneiden. Knoblauch und Peperoncino klein hacken und mit der Petersilie und den Auberginen, dem Pecorino, den Semmelbröseln und dem Mehl zu einer festen Masse kneten.

Das Ei unter die Auberginenmasse rühren und 8 flache Bällchen formen. In heißem Öl goldbraun braten.

Cacocciuli chini

Gefüllte Artischocken

Zutaten für 4 Personen

4 große Artischocken
150 g älteres Brot für *pangrattato* (Brotbrösel), ersatzweise Semmelmehl
70 g Pecorino siciliano, gerieben
1 Bund Petersilie, gehackt
2 junge Knoblauchzehen, gehackt
2 EL Tomatenmark
Salz, Pfeffer, Olivenöl

Zubereitung: 1 Stunde

Die äußeren kleinen Blätter der Artischocken entfernen. Die Stiele bis auf einen etwa 1 Zentimeter langen Rest abschneiden und von den harten Fasern befreien. Brot entrinden und fein reiben. Die Brotbrösel mit dem geriebenen Pecorino, der klein gehackten Petersilie, dem Knoblauch, Salz und Pfeffer vermengen.

Blätter der Artischocken leicht auseinanderziehen und das Brotbröselgemisch in die Blätterzwischenräume stopfen. Einen hohen Topf mit Deckel nehmen, der so hoch wie die Artischocken sein muss. Die Artischocken ganz eng zusammen in den Topf setzen. Die Artischocken müssen gerade und unbeweglich in dem Topf stehen. Zwischenräume können mit geschälten Kartoffeln ausgefüllt werden.

Den Topf bis zur Hälfte der Artischockenhöhe mit Wasser auffüllen, salzen und das Tomatenmark dazugeben. Etwas Olivenöl über die Artischocken gießen, den Topfdeckel auflegen und die Artischocken bei mittlerer Hitze etwa 30 Minuten garen.

Zur Garprobe ein Blatt probieren und falls nötig Wasser auffüllen. Die fertigen Artischocken vor dem Servieren mit etwas Olivenöl beträufeln.

Übrig gebliebene Garbrühe kann für Suppen verwendet werden oder man zerdrückt die Kartoffeln darin und isst sie als Püree.

Fasulinu 'nfurnatu
Gratinierte Prinzessbohnen

Zutaten für 4 Personen

500 g Prinzessbohnen
200 g Galbanino (ersatzweise junger Gouda) am Stück
12 Scheiben Pancetta (ersatzweise Frühstücksspeck)
12 Schnittlauchhalme
2 EL Semmelbrösel
1 EL geriebener Pecorino siciliano
Salz, Pfeffer, Olivenöl

Zubereitung: 30 Minuten

Bohnen waschen, die Spitzen abschneiden, eventuell vorhandene Fäden entfernen und in kochendes Wasser geben, sodass sie bedeckt sind. Sofort einen Deckel auflegen, damit das Gemüse grün bleibt. 1–2 Minuten vor Garende das Wasser salzen. Bohnenwasser abgießen und Bohnen erkalten lassen.

Die Bohnen so aufteilen, dass 12 Bündchen daraus gemacht werden können. Den Käse in etwa 1 x 4 Zentimeter große Stücke schneiden und der Länge nach zu den Bohnen legen. Mit einer Scheibe Pancetta die Bohnen und den Käse umwickeln und mit einem Schnittlauchhalm festbinden.

Eine Auflaufform mit Öl bestreichen und leicht mit Semmelbröseln bestreuen. Dann die Bohnenbündchen darauflegen und die Mitte der Bündchen mit Pecorino und Semmelbröseln bestreuen. Pfeffern und die Auflaufform in den Ofen schieben. Den Ofen auf Grillstufe einstellen und die Bohnen etwa 5 Minuten bei 200 °C gratinieren.

Statt mit Pancetta kann man die Bohnen auch mit Mortadella umwickeln und statt Prinzessbohnen kann man grüne Bohnen verwenden.

Pisci d'ovu 'cca sparaci
Omelett mit wildem Spargel

Zutaten für 4 Personen

250 g wilder Spargel
2 Knoblauchhalme (ersatzweise Bärlauch)
1–2 EL gehackte glatte Petersilie
frischer Peperoncino, gehackt
4 Eier
30 g Pecorino siciliano, gerieben
Salz, Olivenöl

Zubereitung: 30 Minuten

Spargel nicht schälen, sondern nur waschen und hölzerne Stielenden abschneiden.

Knoblauchhalme (oder Bärlauch) klein schneiden und mit der gehackten Petersilie in einer Pfanne mit etwa 100 Milliliter Wasser und etwas Öl zum Kochen bringen, Spargel dazugeben und kochen lassen, bis das Wasser verdampft ist. Salzen, Peperoncino darüberstreuen und etwas anbraten lassen.

Die Eier mit dem Pecorino verschlagen, würzen und den Spargel zufügen. Olivenöl in einer großen Pfanne erhitzen und die Eiermasse hineingeben. Noch in der Pfanne rollen, wenn die Unterseite fest genug ist.

Das Spargelomelett in vier Stücke schneiden und mit frischem Weißbrot servieren.

'nsalata di finucchiu

Fenchelsalat

Zutaten für 4 Personen

3 mittelgroße Fenchelknollen
Saft von 1 Zitrone
1 EL Schnittlauchröllchen
1 EL gehackte glatte Petersilie
6 EL Olivenöl
10 schwarze Oliven
Salz, Pfeffer

Zubereitung: 15 Minuten

Die Stiele der Fenchelknollen sowie den harten Strunk entfernen. Die Knolle vierteln, waschen und in dünne Streifen schneiden.

Zitronensaft mit Schnittlauch, Petersilie und Olivenöl verrühren und mit den Oliven, Salz und Pfeffer zu den Fenchelstreifen geben. Alles gut miteinander vermischen. Etwas ziehen lassen und dann servieren.

'nsalata di lumia
Zitronensalat

Zutaten für 4 Personen

4 reife Zitronen
1 Knoblauchzehe
4 Anchovis
1 frischer Peperoncino
1 EL gehackte glatte Petersilie
Salz, Olivenöl

Zubereitung: 15 Minuten

Zitronen schälen, halbieren, leicht auspressen (um die Säure zu reduzieren) und dann in kleine Stücke schneiden. Die Knoblauchzehe abziehen und in Streifen schneiden.

Anchovis zerkleinern. Peperoncino in dünne Ringe schneiden. Alles mit einem halben Glas Wasser, der Petersilie und reichlich Olivenöl in eine Schüssel geben, salzen und gut verrühren.

Wenn arme Leute nichts zu essen hatten, so pflückten sie ein paar Zitronen, die ganzjährig und überall verfügbar waren, und aßen sie auf diese Weise mit – falls vorhanden – ein bisschen Brot. Die Haupterntezeit der Zitronen ist aber dennoch der Winter. Diese Zitronen nennt man dann *primo fiore* (Erstblüte). Die Zitronen der Sommerernte heißen *verdelli*.

L'orologiaio e l'insalata d'arancia

Der Uhrmacher und der Orangensalat

Von Giusi Vicenzino

Ich erinnere mich an den verrückten Uhrmacher, der mit seinen geschickten Händen alle Uhren zum Laufen brachte. Er verfluchte alle, die sie kaputt machten, und wenn man nicht aufpasste, schleuderte er sie einem entgegen. Viele hinterließen deshalb ihre Uhren in seiner Abwesenheit und holten sie in gleicher Manier wieder ab, indem sie still und heimlich ein paar Lire in die Schublade des alten kleinen Holztisches legten.

Er verbrachte den ganzen Tag damit, die Bäuche der Uhren zu öffnen, sie mit einem Schraubenzieher zu kitzeln und sie auf ein weiches Tuch zu Bett zu bringen. Kurz vor Mittag begann er, die Uhren des vorhergehenden Tages zu schließen, hielt sie an sein Ohr und machte sich auf den Weg zur Hauptkirche. Wir Kinder beobachteten ihn und bissen uns in den Arm und formten somit eine Uhr nach. Diese »Uhr «hielten wir ihm hin und baten ihn, sie für uns zu reparieren. Er schlug uns auf die Arme und versuchte uns zu verjagen, so wie man lästige Insekten verjagt.

Wenn der verrückte Uhrmacher, der Angioletto, Engelchen, genannt wurde, auf dem Kirchplatz ankam, schlug die Kirchuhr zwölfmal. Daraufhin guckte er auf die mitgebrachte Uhr, und wenn er lachte, bedeutete dies, dass er die Uhr repariert hatte. Angioletto pflegte zu sagen: Wer die Zeit nicht respektiert, muss sterben. Die Zeit ist wie ein Versprechen, wenn man es nicht einhält, verschwendet man die Zeit der anderen. Deshalb sind die Menschen unglücklich, weil keiner die Zeit respektiert.

Angioletto hatte einen Bruder. Sie stritten oft darüber, wann die richtige Zeit zum Essen wäre. Wenn sie sich nicht einigen konnten, nahm der Bruder zwei Orangen aus seiner Manteltasche heraus, schälte sie, schnitt sie in gleich große Scheiben, streute Salz und Pfeffer darüber, beträufelte sie mit etwas Olivenöl und aß sie. Währenddessen Angioletto noch über die richtige Uhrzeit nachdachte.

'Nzalata d'aranci
Orangensalat

Zutaten für 4 Personen

4 Orangen
2 große Frühlingszwiebeln
1 kleiner frischer Peperoncino
Salz
Olivenöl

Zubereitung: 15 Minuten

Die Orangen schälen und dabei auch die weiße Haut entfernen. In nicht zu dünne Scheiben schneiden und vierteln. Orangen auf Tellern anrichten. Die Frühlingszwiebeln in feine Ringe schneiden, den Peperoncino ebenfalls in feine Ringe schneiden und beides über die Orangenstücke verteilen. Mit Salz würzen und mit Olivenöl überträufeln.

Dem Orangensalat kann man auch schwarze Oliven und/oder auch Pecorino siciliano beifügen.

'nsalata di patati
Sizilianischer Kartoffelsalat

Zutaten für 4 Personen

1 kg Kartoffeln
2 Knoblauchzehen
1 frischer kleiner Peperoncino
3 EL gehackte frische Minze
1 TL getrockneter Oregano
3 EL Weißweinessig
6 EL Olivenöl
Salz, Pfeffer
einige Minzeblätter zum Dekorieren

Zubereitung: 30 Minuten

Kartoffeln mit Schale in Salzwasser kochen. Die garen Kartoffeln mit kaltem Wasser abschrecken, abgießen und in eine Salatschüssel geben. Wenn die Kartoffeln ganz abgekühlt sind, schälen und in größere Stücke schneiden.

Knoblauch in feine Streifen und Peperoncino in dünne Scheiben schneiden und mit der Minze zu den Kartoffeln geben.

Oregano und Essig, Salz und Pfeffer dazugeben und mit Olivenöl übergießen. Alles gut vermischen, mit den Minzeblättern dekorieren und kalt servieren.

Am besten kocht man die Kartoffeln am Vortag, weil sie dann fester sind und besser angerichtet werden können.

Vrocculi affucati

Geschmorter Brokkoli

Zutaten für 4 Personen

1 kg Brokkoli
5 Frühlingszwiebeln
3 in Öl eingelegte getrocknete Tomaten
4 Anchovis
1 frischer Peperoncino
1 Glas Rotwein
½ Glas Weißweinessig
60 g Pecorino siciliano, gerieben
Salz, Olivenöl

Zubereitung: 45 Minuten

Brokkoli waschen und in kleine Röschen zerteilen. Strunk von den Hartfasern befreien und in kleine Stücke schneiden. Einen flachen, breiten Topf nehmen und den Brokkoli mit den klein geschnittenen Frühlingszwiebeln, den in Stücke geschnittenen Tomaten, zerkleinerten Anchovis, Öl, Salz und dem in Streifen geschnittenen Peperoncino hineingeben.

Zugedeckt und auf mittlerer Hitze dünsten lassen und des Öfteren umrühren. Wenn der Brokkoli halb gar ist, den Wein und den Essig dazugießen, Temperatur erhöhen und offen weiterkochen lassen, bis die Flüssigkeit fast ganz verdampft ist. Etwa 5 Minuten vor dem Garende den Pecorino unterrühren und dann gleich servieren. Der geschmorte Brokkoli schmeckt aber auch kalt sehr gut!

Man kann nach Belieben noch schwarze Oliven beifügen.

Mulinciani sutt'ogghiu

Eingelegte Auberginen

Zutaten für 4 Personen

1 kg Auberginen
700 ml Weißweinessig
4 Knoblauchzehen, in Scheiben geschnitten
1 Handvoll gehackte frische Minze
2 TL getrockneter Oregano
3 klein geschnittene Peperoncini
grobkörniges Salz, Olivenöl

Zubereitung: 1 Stunde plus 2–3 Tage Entwässern und Marinieren

Auberginen schälen und in 1 Zentimeter dicke Scheiben schneiden. Dann die Scheiben 1,5 Zentimeter breite Streifen schneiden. Die Auberginenstreifen schichtweise in ein flaches Sieb füllen. Jede Lage mit grobkörnigem Salz bestreuen. Mit einem Tuch bedecken und das Sieb auf einen Teller stellen. Mit großen Steinen (große Konservenbüchsen gehen auch) beschweren. 24 Stunden entwässern.

Anschließend die noch vorhandene Flüssigkeit mit den Händen auspressen. Auberginen in Einmachgläser geben, mit Weißweinessig auffüllen, sodass sie bedeckt sind. Verschließen. Auberginen 24 Stunden in den Gläsern lassen und mehrmals am Tag umdrehen, damit der Essig sich mit den Auberginenstreifen gut vermischt. Dann die Gläser öffnen und umgedreht, am besten im Waschbecken (oder der Badewanne), abstellen und den Essig 12 Stunden in dieser Position abtropfen lassen. Die Auberginen dürfen vorher nicht aus dem Glas geholt werden, weil sie sonst schwarz werden.

Die abgetropften Auberginenstreifen in eine Schüssel geben. Knoblauch, Minze, Oregano und Peperoncini vermischen. Auberginen abwechselnd mit dieser Mischung und dem Öl wieder in die Einmachgläser schichten. Die Gläser 1 Tag lang offen lassen. Danach vorhandene Luftbläschen durch Zusammenpressen wegdrücken. Zum Schluss mit Olivenöl auffüllen, bis der Glasinhalt ganz bedeckt ist. Gut verschließen und 2 Monate bis zum Verzehr warten. Die Auberginen sind 1–2 Jahre haltbar.

Um eine Verfärbung der Auberginen zu vermeiden, sollten die Gläser immer dunkel aufbewahrt werden.

Alivi scacciati
Marinierte Oliven

Zutaten für 4 Personen

400 g frisch gepflückte Oliven
4 Knoblauchzehen
2 frische Peperoncini
½ unbehandelte Zitrone
1 TL Fenchelsamen
1 EL gehackte frische Minze
1 TL getrockneter Oregano
Weißweinessig, Olivenöl, Salz

Zubereitung: 10 Minuten plus Marinierzeit (bei schon reifen Oliven)

Oliven unter fließendem kaltem Wasser gut abspülen. Auf Küchenpapier ausbreiten und abtrocknen. Oliven in ein Schraubglas geben und dieses mit stark gesalzenem Wasser auffüllen.

2 Knoblauchzehen abziehen und wie auch die Peperoncini im Ganzen dazugeben. Zitrone abwaschen, Schale dranlassen, in dicke Scheiben schneiden und zu den Oliven geben. Nun die Fenchelsamen hinzufügen und dann das Schraubglas fest zudrehen. Die Oliven 1 Monat im Glas ruhen lassen.

Dann mit einem dicken Stein oder dem Fleischklopfer auf die Oliven schlagen (*scacciate* heißt zerdrückt), sodass sie leicht aufbrechen. Den Stein herausnehmen. Die Oliven mit den Händen fest zusammendrücken, um die noch vorhandene Flüssigkeit auszupressen. Aus Essig, Öl, 2 klein gehackten Knoblauchzehen, Oregano, der gehackten Minze und den klein gehackten Peperoncini aus der Salzlake eine Marinade mischen und die Oliven damit übergießen. 10 Minuten ziehen lassen und als Vorspeise servieren.

Die frisch gepflückten Oliven sind noch sehr bitter und ungenießbar. Erst nach einigen Monaten in der Salzlake entwickeln sie sich zu einer essbaren Speise. Für dieses Rezept können Sie auch die im Handel angebotenen Oliven in Salzlake verwenden.

Pipi arrustuti

Eingelegte gegrillte Peperoni

Zutaten für 4 Personen

600 g Peperoni (rote und grüne Paprikaschoten)
1 große Knoblauchzehe, fein geschnitten
1–2 EL gehacktes Basilikum
1 Zitrone
Olivenöl, Peperoncino, Salz

Zubereitung: 30 Minuten plus 1 Stunde Ziehenlassen plus 30 Minuten Erkalten

Peperoni auf den Grill legen und von allen Seiten rösten, bis die Schale platzt und sich braune Blasen bilden.

Die noch heißen Peperoni in eine Papiertüte oder einen Gefrierbeutel legen, verschließen und erkalten lassen. Anschließend die Haut abziehen. Peperoni halbieren, entkernen und in Streifen schneiden.

Das Basilikum und den Knoblauch mit dem Saft der Zitrone und der gleichen Menge Olivenöl verrühren. Mit Salz und Peperoncino würzen und die Peperoni in der Marinade etwa 1 Stunde ziehen lassen.

Auf einer Platte anrichten und mit Brot als Vorspeise servieren.

Diese Vorspeise kann man auch zusätzlich mit gegrillten Tomaten zubereiten. Dafür nimmt man 500 Gramm Tomaten: Den Boden der Tomaten kreuzweise einschneiden, dann solange auf den Grill legen, bis die Schale platzt. Diese dann abziehen. Knoblauchscheiben in Öl anbraten, die Tomaten dazugeben, mit einer Gabel zerdrücken und ebenfalls anbraten. Die Peperonistreifen dazugeben, mit Salz, Peperoncino und Basilikum würzen und noch kurze Zeit weiter braten.

Sinapa fritta
Gebratenes weißes Senfkraut

Zutaten für 4 Personen

1 kg verlesene *sinapa* (die gelben Blüten können mit verzehrt werden),
ersatzweise Spinat
4 Knoblauchzehen
20 schwarze Oliven
Peperoncino
Salz, Olivenöl
12 kleine Scheiben Weißbrot

Zubereitung: 40 Minuten

Sinapa waschen, in einen Topf mit Wasser legen und zugedeckt garen. Des Öfteren umdrehen, damit das Kraut nicht gelb wird.

Das Wasser in ein Sieb abgießen und das Gemüse erkalten lassen. Die noch vorhandene Flüssigkeit mit den Händen auspressen.

Knoblauchzehen in feine Scheiben schneiden und mit den Oliven in heißem Olivenöl goldgelb anbraten. Senfkraut dazugeben, salzen, mit Peperoncino würzen und leicht anbraten.

Weißbrot rösten, auf die *sinapa* legen und mit einem Teller leicht dagegendrücken. Brot wenden und mit der anderen Seite gleich verfahren.

Das Gemüse dann auf die Brotscheiben verteilen oder das Brot als Beilage servieren.

Ersatzweise kann man dieses Gericht auch mit Zicchorie zubereiten.

Cori di cacocciuli 'mpanati
Panierte Artischockenherzen

Zutaten für 4 Personen

12 Artischocken
Saft von ½ Zitrone
2 Eier
50 g Paniermehl
1 gehäufter EL gehackte Petersilie
2 EL geriebener Pecorino siciliano
2 Knoblauchzehen, klein gehackt
Salz, Pfeffer, Olivenöl

Zubereitung: 35 Minuten

Artischockenstiele auf 2 Zentimeter kürzen. Alle äußeren Blätter bis hin zum Herzen abzupfen. Wasser mit Salz und Zitronensaft aufsetzen und zum Kochen bringen. Artischockenherzen hineingeben und kochen, bis sie gar sind (je nach Größe 10–20 Minuten). Dann das Wasser abschütten und die Artischockenherzen abtrocknen.

Eier mit Salz und Pfeffer verquirlen. Paniermehl mit der gehackten Petersilie, dem geriebenem Pecorino und dem klein gehackten Knoblauch mischen.

Dann die Artischockenherzen erst in Ei und dann im Paniermehl wenden. Öl in einer Pfanne erhitzen und die Artischocken darin goldbraun anbraten.

Die Artischockenherzen können warm oder kalt als Vorspeise serviert werden.

Il miracolo del latte

Das Wunder der Milch

Von Giusi Vicenzino

Sieben Jahre lang war ich ein Einzelkind und genoss die alleinige Aufmerksamkeit meiner Eltern; mein bevorzugtes Frühstück bestand ausschließlich aus Brot und warmem Ricotta. Jeden Morgen in aller Herrgottsfrühe ging ich mit meiner Kelle in der Hand zum Schäfer und passte auf, dass ich ja nicht zu spät kam, um nicht den Höhepunkt, sprich das Aufkochen der Milch, zu verpassen. Ein weicher, weißer Schaum teilte sich und ließ in der Mitte einen Himmel erscheinen, aus dem Luftballons gleich weiße kleine Kügelchen emporstiegen, die sich am Topfrand zu einer Milchstraße zusammenfanden. Der Schäfer verringerte dann die Hitze: der Ricotta war geboren. Nun begann er mit sicheren, aber sanften Handgriffen den Verkauf des Frischkäses, während seine Hunde in einer Ecke still und geduldig darauf warteten, irgendwann ein in der warmen Molke eingetauchtes altes Stück Brot zu bekommen.

Der Hof des Schäfers war sehr ärmlich, für uns Kinder aber ein idealer Platz zum Spielen. So nahm ich eines Tages eine ganze Kinderschar mit, um innerhalb von wenigen Stunden die gesamten Weiden des armen Schäfers in ein Schlachtfeld zu verwandeln. Mein frisch plissiertes weißes Kleid glich am Ende einem Zelt, unter das mindestens fünf Kinder passten; ich fand meine Schleifen, die meine Zöpfe bändigten, nicht mehr und erst zu Hause erahnte ich am Gesichtsausdruck meiner Mutter, wie ich wohl aussehen musste. Meine Notlügen reichten bis zum nächsten Tag, bis der Schäfer wutentbrannt vor unserer Tür stand und mir das Fell über die Ohren ziehen wollte: „Wo ist Ihre verrückte Tochter?", schrie er. Mir blieb nichts anderes übrig, als zu meiner Nonna zu flüchten. Von da an gab es kein Ricottafrühstück mehr für mich.

Tè 'cca lumia e addauru

Zitronenlorbeertee

Zutaten für 1 Liter Tee

1 unbehandelte Zitrone
1 frisches Lorbeerblatt (ersatzweise getrocknet)

Zubereitung: 15 Minuten

Zitrone schälen und die Schale zusammen mit dem Lorbeerblatt und 1 Liter Wasser 10 Minuten aufkochen. Dann zugedeckt etwa 1 Minute ziehen lassen, Zitronenschale und Lorbeerblatt herausholen und den Tee heiß trinken.

Man kann den Tee auch mit Honig süßen, zum Beispiel mit dem sizilianischen *miele di carrubo*. Dieser Honig stammt von den Blüten des Johannisbrotbaums und ist eine wahre Spezialität der Monti Iblei, die sich südöstlich von unserem Geburtsort Militello in Val di Catania befinden.

Virduri o'furnu

Ofengemüse

Zutaten für 4 Personen

3 mittelgroße Kartoffeln
1 große, flache, rosa Zwiebel (als Ersatz 3 rote Zwiebeln)
2 Auberginen
2 große Paprikaschoten, grün und rot
Für das Dressing:
Olivenöl
Weißweinessig
1 gehäufter TL getrockneter Oregano
2 EL gehackte frische Minze
2 Knoblauchzehen, in Streifen geschnitten
Salz, Pfeffer

Zubereitung: 2 Stunden

Das Gemüse mit einer Gabel an mehreren Stellen einstechen, ungeschält auf ein Backblech legen und in den Backofen schieben. Das Gemüse im auf 180 °C vorgeheizten Backofen garen. Da die Paprika und die Auberginen schneller gar sind, müssen diese vor den Kartoffeln und Zwiebeln aus dem Ofen genommen werden. Mit einem Zahnstocher prüfen, ob das Gemüse gar ist. Das Gemüse erkalten lassen.

Die Schale der Kartoffeln und Zwiebel entfernen. Die aufgeplatzte Haut der Paprika, soweit wie es möglich ist, abziehen. Stiel, Samenkerne und weiße Rippen entfernen und Fruchtfleisch in Streifen schneiden. Die Schale der Auberginen dranlassen, Stielansatz entfernen und wie die Kartoffeln in große Stücke schneiden. Zwiebel vierteln. Das Gemüse kann nun entweder zusammengemischt werden oder getrennt voneinander auf einer Platte angerichtet werden.

Das Dressing aus Olivenöl, Weißweinessig, Oregano, Minze, Knoblauchstreifen, Salz und Pfeffer anrühren und über das Gemüse gießen und mindestens 10 Minuten, besser noch länger, ziehen lassen.

Die Schale der Paprikaschoten lässt sich besser abziehen, wenn man diese vorher in eine Papiertüte oder einen Gefrierbeutel gibt und dort erkalten lässt.

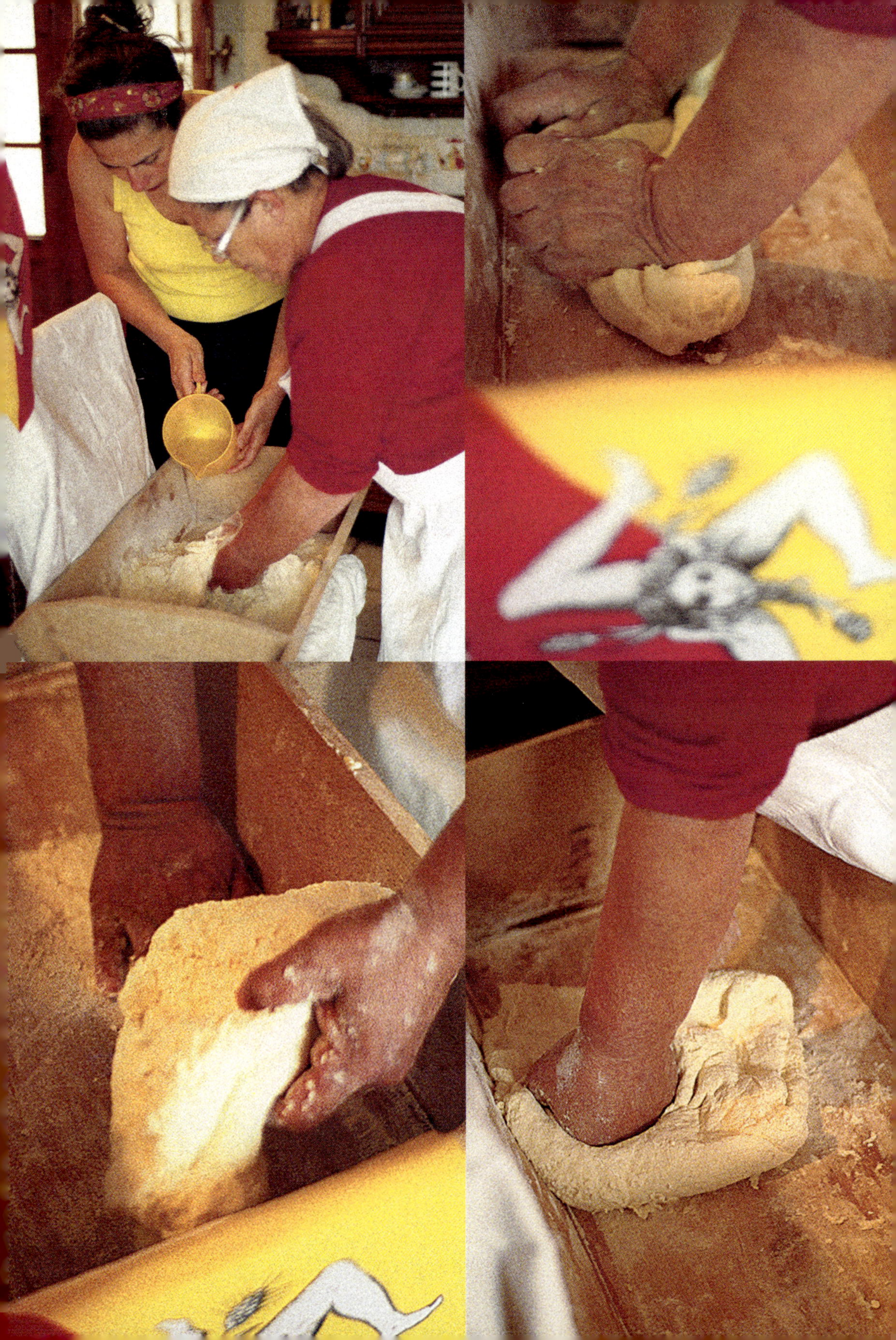

Pasta & pani
NUDELN & BROT

Das beste sizilianische Gericht ist für mich frisch gebackenes, noch warmes Brot mit hochwertigem Olivenöl beträufelt und mit Salz und Peperoncino gewürzt. Fertig! Mit den gleichen Zutaten und etwas Knoblauch lässt sich auch Pasta zu einem ungewöhnlich einfachen, aber großartigen Gericht verwandeln.

Der Ursprung dieser Einfachheit liegt, wie so vieles in der sizilianischen Küche, in der Armut. Auch das Kochen der Pasta al dente hatte ursprünglich die Funktion, länger satt zu halten, weil der noch harte Pastakern im Magen nachquillt und daher langsamer verdaut wird.

Weizen für Nudeln und Brot gab es auf Sizilien seit der Römerzeit zur Genüge, denn die Römer zwangen die Sizilianer, Weizen anzubauen. Im Inselinneren finden sich viele großflächige Weizenfelder, und auch heute noch gilt Sizilien als die Kornkammer Italiens.

Pani frittu 'ccu l'ova
Frittiertes Eierbrot

Zutaten für 4 Personen

12 kleine Scheiben älteres Weißbrot
100 ml Milch
3 Eier
1 gehäufter EL geriebener Pecorino siciliano
Salz, Pfeffer, Olivenöl

Zubereitung: 20 Minuten

Die Brotscheiben kurz in Milch tauchen. Eier mit Salz, Pfeffer und Pecorino verquirlen und das Brot darin wenden.

Reichlich Öl in einer Pfanne erhitzen und die Brotscheiben darin goldgelb ausbacken. Heiß servieren.

Die Brote können auch mit Knoblauch, Kräutern und Peperoncino bestreut oder süß mit Honig bestrichen werden.

Pani cunsatu
Belegtes selbst gebackenes Brot

Zutaten für 4 Personen

500 g italienisches Hartweizenmehl (ersatzweise 2 Teile Weizenmehl Type 550 und 1 Teil Hartweizengrieß plus 1 EL mehr für die Arbeitsfläche)
1 TL Salz
15 g Hefe
1 EL Olivenöl (plus 1 TL mehr zum Einölen der Schüssel)

Für den Belag je nach Belieben:
Peperoncino
schwarze Oliven
getrocknete Tomaten
Sardellen
Pancetta (oder Bacon)
Pecorino siciliano

Zubereitung: 50 Minuten plus Ruhezeit plus Abkühlzeit

Da Brot immer in warmen Räumen zubereitet werden sollte, als Erstes den Ofen auf 250 °C vorheizen.

Mehl auf eine Tischplatte sieben, in die Mitte eine Vertiefung eindrücken. 1 Teelöffel Salz mit 50 Milliliter Wasser auflösen, in die Vertiefung geben und mit etwas Mehl vermischen. Hefe in 230 Milliliter lauwarmem Wasser auflösen und zusammen mit 1 Esslöffel Öl ebenfalls in die Vertiefung geben. Von der Mitte aus nun alle Zutaten zu einem glatten Teig verkneten. Den Teig zu einer Kugeln formen und in einer eingeölten Schüssel zugedeckt 1 Stunde ruhen lassen.

Den Teig auf eine bemehlte Arbeitsfläche legen und in vier Kugeln teilen. Aus den Kugeln kleine Brote formen und erneut 10 Minuten zugedeckt ruhen lassen. Brote drehen und auf der glatten Seite mehrmals mit einer Gabel leicht einstechen. Ofenwände mit Wasser besprühen, Brote in den Ofen schieben und 25 -30 Minuten backen. Wenn das Brot Farbe annimmt, die Kruste mit etwas Wasser anfeuchten. Nach etwa 15 Minuten Backzeit kontrollieren, ob die Kruste zu braun wird, und gegebenfalls die Temperatur dann auf 180 °C reduzieren.

Nach dem Backen die Brote 10 Minuten zugedeckt abkühlen lassen. Danach aufschneiden und mit hochwertigem (!) Olivenöl (z. B. *Sole di Sicilia*), Salz, Peperoncino (oder mit einem anderen Belag wie oben vorgeschlagen) würzen und sofort noch warm servieren.

Pasta 'chi ciciri

Nudeln mit Kichererbsen

Zutaten für 4 Personen

300 g getrocknete Kichererbsen
300 g Nudeln (z. B. *occhi di lupo*)
1 Zwiebel
3 in Öl eingelegte getrocknete Tomaten
1 TL getrocknetes Basilikum
Salz, Pfeffer, Olivenöl

Zubereitung: 1 Stunde 40 Minuten

Kichererbsen über Nacht in Wasser einweichen. Dann in einen Topf geben und mit frischem Wasser bis 5 Zentimeter über den Kichererbsen auffüllen.

Zwiebel abziehen und zerkleinern, Tomaten in kleine Stücke schneiden und alles zusammen mit dem Basilikum zu den Kichererbsen geben. 1–2 Stunden kochen, bis die Kichererbsen weich sind. Wenn das Wasser verdampft, wieder neues warmes (!) Wasser nachfüllen. Die Kichererbsen müssen immer im Wasser schwimmen.

Wenn die Kichererbsen weich sind und das Wasser kocht, die Nudeln hineinschütten. Dabei sollte das Wasser etwa 2 Fingerbreit hoch über den Kichererbsen stehen. Salzen, pfeffern, etwas Olivenöl dazugeben und weiterkochen lassen, bis auch die Nudeln gar sind. Auf tiefen Tellern anrichten und etwas Olivenöl darüberträufeln.

Dieses Rezept kann auch mit Linsen oder Bohnen zubereitet werden. Die Linsen allerdings mit etwas weniger Wasser aufsetzen. Für die Variation mit Bohnen können Zwiebel und Pancetta angebraten und diese dann kurz vor Kochende zugegeben werden.

Gli spaghetti della vedova

Die Spaghetti der Witwe

Von Giusi Vicenzino

Die Witwe des Ingenieurs lebte in einem Haus zurückgezogen mit ihrer Tochter und einer Haushälterin. Alle drei kleideten sich in Schwarz und in ihren Händen hielten sie stets einen Rosenkranz. Die Zimmer in dem riesigen Haus waren immer verdunkelt. Alles dort drin hatte die Aura eines Begräbnisses. Auch das Telefon war schwarz. Aber sie war die einzige Nachbarin, die überhaupt eines besaß.

Die einzigen Personen, die in diesem Haus ein und aus gingen, waren der Priester, der sie regelmäßig besuchte, schon allein wegen der großzügigen Spenden, die die Witwe machte (ich fragte mich, ob die Umschläge, in denen die Witwe ihre Spenden legte, auch schwarz waren), und der andere war der Sohn. Er war verheiratet, Ingenieur und arbeitslos (vielleicht wegen seines dunklen Gesichtsausdrucks).

In diesem Haus war ich einige Male zusammen mit meiner Nonna gewesen, denn die Witwe erlaubte uns, die Telefonate meiner Zia, die in der Stadt wohnte, zu empfangen. Eines Tages rief meine Zia zu einer unüblichen Zeit an, nämlich zur Mittagsessenszeit. Das Telefon befand sich unglücklicherweise in der Küche, und als ich dort eintrat und den gedeckten Tisch sah, auf dem gut gefüllte Teller mit schwarzen Nudeln lagen, konnte ich einen lauten Schrei des Entsetzens nicht mehr zurückhalten! Die Witwe, zusammen mit ihrer Tochter und der Haushälterin, fing direkt mit an zu schreien, in dem Glauben, ich hätte irgendwo eine Maus gesehen. Ich hielt mich am Kleid meiner Nonna fest, die mich langsam aus dem Haus schob und mir draußen, während sie mich zu beruhigen versuchte, erklärte, dass schwarze Nudeln mit einer ganz speziellen Zutat zubereitet werden: mit der schwarzen Tinte des Tintenfisches, was sich nur bestimmte Gesellschaftsschichten leisten könnten.

Pasta 'ccu niuru
Bavette mit Tintenfischtinte

Zutaten für 4 Personen

400 g Bavette (oder Spaghetti)
2 Tintenfische (Sepia) mit Tintenbeutel
½ Zwiebel
1 Knoblauchzehe
½ Glas Weißwein
2 TL Tomatenmark
300 ml passierte Tomaten
1 EL gehacktes Basilikum
1 EL gehackte Petersilie
200 g Ricotta salata, gerieben
Salz, Peperoncino, Olivenöl

Zubereitung: 1 Stunde 30 Minuten

Tintenfische kalt abspülen, trocken tupfen und den Tintenbeutel vorsichtig herausnehmen. Augen und Mund abtrennen und den Tintenfisch in kleine Stücke schneiden. Bavette nach Packungsanleitung al dente kochen.

Zwiebel und Knoblauch abziehen und klein schneiden, in einem Topf mit heißem Öl anbraten. Den Tintenfisch, etwas Peperoncino (oder Pfeffer) und den Weißwein dazugeben schmoren, bis die Flüssigkeit verdampft ist.

Tomatenmark, passierte Tomaten und 400 Milliliter Wasser dazugeben. Bei mittlerer Hitze zu Sauce einkochen lassen. Dann das gehackte Basilikum, die gehackte Petersilie und etwas Salz hinzufügen. Kurz vor Garende die Tintenbeutel aufreißen und die Tinte in die Sauce rühren und etwa 5 Minuten weiterköcheln lassen.

Von der Flamme nehmen und den geriebenen Ricotta daruntermischen. Anschließend die Nudeln in den Topf geben und in der Sauce schwenken. Auf Tellern anrichten und mit geriebenem Ricotta bestreuen.

Pasta a Norma

Nudeln mit Auberginen und Ricotta

Zutaten für 4 Personen

400 g Spaghetti
2 Auberginen
80 g Ricotta salata, gerieben
2 Knoblauchzehen
500–600 g passierte Tomaten
1 kleiner Peperoncino, fein geschnitten
2 EL gehacktes Basilikum
einige schöne Basilikumblätter zum Dekorieren
Salz, Olivenöl

Zubereitung: 1 Stunde

Auberginen in Scheiben schneiden (etwa 12 Stück). Auf einen Teller legen, salzen und mit einem anderen Teller beschweren. 30 Minuten stehen lassen, damit die Flüssigkeit herausgepresst wird. Dann gut ausspülen, Wasser mit den flachen Händen herausdrücken und in reichlich Olivenöl goldgelb anbraten.

Das Kochwasser für die Nudeln aufsetzen. Die Knoblauchzehen fein schneiden und in einer weiten Pfanne in heißem Öl anbraten. Tomaten, Peperoncino und Basilikum dazugeben, salzen und auf hoher Flamme kochen, bis die Flüssigkeit verdampft ist. Die fertige Tomatensauce mit etwas Olivenöl übergießen.

Die Nudeln al dente kochen, abseihen, die Tomatensauce darübergeben und gut vermischen.

Die Nudeln auf Tellern anrichten und jeweils 3 Scheiben Auberginen darüberlegen und mit 1–2 Esslöffeln Ricotta bestreuen. Mit Basilikumblättern dekorieren und servieren.

Dieses Gericht wurde nach der gleichnamigen Oper „Norma" des sizilianischen Komponisten Vincenzo Bellini benannt und ist ein typisches, altes catanesisches Nudelgericht.

9Y
E88

Pasta grassata
Nudeln mit Lamm und Kartoffeln

Zutaten für 4 Personen

600 g Lammkeule (mit Knochen)
300 g Kartoffeln
1/2 Glas Weißwein
1 EL Tomatenmark
4 EL passierte Tomaten
2 Knoblauchzehen
1 kleine Zwiebel
1 kleine Möhre
1 kleine Stange Staudensellerie
1 EL gehackte Petersilie
250 g Pennette (oder andere Röhrennudeln)
30 g Pecorino siciliano
Salz, Pfeffer, Olivenöl

Zubereitung: 1 Stunde

Lammfleisch vom Knochen befreien, würfeln und in Öl in einem größeren Schmortopf kurz anbraten. Dann den Knochen hinzufügen, salzen, pfeffern und weiter anbraten, bis das Fleisch (auch am Knochen) goldbraun ist. Mit Weißwein aufgießen, zudecken und einkochen lassen. Das Tomatenmark, die passierten Tomaten und etwa 200 Milliliter Wasser dazugeben. Das Ganze etwa 10 Minuten weiterschmoren.

Kartoffeln schälen, in Stücke schneiden, in heißem Öl halb gar anbraten und salzen. Knoblauchzehen, Zwiebel, Möhre und Sellerie putzen, sehr klein schneiden und ebenfalls in heißem Öl anbraten.

Alles mit etwas Wasser in den Topf mit dem Lamm geben, Petersilie zufügen und zugedeckt weiterschmoren, bis die Kartoffeln weich sind und die Sauce eingekocht und sämig ist – sollten die Kartoffeln nicht gar sein, etwas Wasser oder Wein zugießen und weiter kochen.

Die in der Zwischenzeit al dente gekochten Pennette abseihen, in den Lamm-Kartoffel-Eintopf geben und gut verrühren. Mit frisch gemahlenem Pfeffer und frisch geriebenem Pecorino bestreuen und servieren.

Das Lammfleisch zuvor in großen Stücken anbraten. Zum Schluss die größeren Lammfleischstücke aus dem Topf nehmen und diese dann als zweiten Gang servieren.

Arancini siciliani

Gefüllte Reisbällchen

Zutaten für 6 Stück

110 g Muskelfleisch (Kalb oder Rind)
60 g Schweinebauch
50 g *salsiccia*
(ersatzweise gemischtes Hackfleisch)
1 kleine Zwiebel
1 kleine Möhre
1 kleines Stück Staudensellerie
1/3 Glas Rotwein
1 EL Tomatenmark
200 g passierte Tomaten
3 EL frische Erbsen
250 g italienischer Reis (Arborio)
1 Tütchen Safran
2 EL geriebener Pecorino siciliano
2 EL geriebener Parmesan
20 g Mozzarella, klein gewürfelt
2 Eier
70 g Semmelbrösel
Salz, Pfeffer

Zubereitung: 30 Minuten plus 1 Stunde 30 Minuten für die Fleischsauce plus 1 Stunde Reis und Fleischsauce ruhen lassen

Fleisch und Schweinebauch klein schneiden und zusammen mit der *salsiccia* in heißem Olivenöl anbraten. Zwiebel, Möhre und Staudensellerie putzen, zerkleinern, anbraten und zusammen mit dem Fleisch in einen Topf geben. Mit Rotwein aufgießen. Tomatenmark und passierte Tomaten dazugeben und mit Wasser auffüllen, bis das Fleisch gerade bedeckt ist. Salzen, pfeffern und zugedeckt etwa 1 Stunde kochen, bis die Flüssigkeit verdampft ist. Etwa 15 Minuten vor Kochende die Erbsen hinzufügen, das Ganze dann abkühlen lassen und in den Kühlschrank stellen.

Reis al dente kochen und in warmem Zustand mit dem Safran, Pecorino und Parmesan verrühren und für mindestens 1 Stunde ebenfalls in den Kühlschrank stellen.

Eine Handvoll Reis mit den Händen zu einer nach oben sich zuspitzenden Kugel formen. In die Mitte eine Mulde eindrücken. 1 Esslöffel Sauce und 1– 2 Stückchen Mozzarella hineingeben und den Reis vorsichtig über die Füllung drücken und glatt formen. Die Reisbällchen zunächst in den verschlagenen und gesalzenen Eiern, dann in Semmelbröseln wenden und in siedendem Maisöl goldbraun ausbacken. Die fertigen *arancini siciliani* auf Küchenpapier abtropfen lassen und warm servieren.

Es empfiehlt sich, die Sauce und den Reis einen Tag vorher zuzubereiten, damit die Konsistenz fester wird. Dadurch wird die Zubereitung sehr erleichtert!

Spaghetti a carrettera
Spaghetti nach Kutscherart

Zutaten für 4 Personen

400 g Spaghetti
2 Knoblauchzehen
4 Sardellenfilets
3 in Öl eingelegte getrocknete Tomaten
2 kleine Peperoncini, klein gehackt
(oder getrocknete Peperonciniflocken)
1 Handvoll glatte Petersilie, fein gehackt
2 EL geriebener Pecorino siciliano
50 g Semmelbrösel
Olivenöl

Zubereitung: 30 Minuten

Knoblauch schälen, in Streifen schneiden und mit den Sardellenfilets in heißem Öl anbraten. Wenn der Knoblauch goldbraun ist, die getrockneten Tomaten zufügen und leicht zerdrücken. Mit Peperoncini würzen. Die Pfanne von der Flamme nehmen und die Petersilie darüberstreuen.

Semmelbrösel in wenig Öl rösten. Von der Flamme nehmen und den Pecorino unterrühren.

Die Spaghetti al dente kochen und mit der Sauce und der Hälfte der Semmelbröselmischung im Topf unterheben. Die Spaghetti auf Tellern anrichten und mit den restlichen Semmelbröseln bestreut servieren.

Der Name für dieses typische sizilianische Gericht entstand dadurch, dass die Kutschenfahrer, wenn sie von einem Ort zum anderen reisten und nicht auf ihre Pasta verzichten wollten, diese gut konservierbaren und transportierbaren Zutaten immer dabeihatten, um sich zu jeder Zeit einen Teller mit Pasta zubereiten zu können.

Pasta 'chi favi

Dicke Bohnen mit Nudeln

Zutaten für 4 Personen

200 g getrocknete Dicke Bohnen
2 Frühlingszwiebeln
4 in Öl eingelegte getrocknete Tomaten
60 g wilder Fenchel (schmeckt stattdessen auch mit Basilikum)
300 g gemischte Nudeln
Salz, Pfeffer, Olivenöl

Zubereitung: 1 Stunde 10 Minuten

Bohnen waschen, in einen Topf geben, mit Wasser bedecken und kochen lassen. Wenn das Wasser verdampft ist, erneut etwa 400 Milliliter lauwarmes Wasser dazugeben.

Frühlingszwiebeln in Ringe und Tomaten in kleine Stücke schneiden. Beides mit dem klein geschnittenen Fenchel, Salz, 1 Esslöffel Olivenöl und frisch gemahlenem Pfeffer zu den Bohnen geben und in Ruhe bei mittlerer Hitze einkochen so lange kochen lassen, bis die Bohnen weich sind. Etwa 500 Milliliter lauwarmes Wasser dazugeben und aufkochen lassen. Dann die Nudeln hineinschütten und gar werden lassen, dabei öfters umrühren.

Auf Tellern servieren, je 1 Esslöffel Olivenöl darübergeben und 1–3 Tage altes Brot oder Röstbrot dazu reichen.

La campagna Das Landgut

Von Giusi Vicenzino

Von seinen fünf Geschwistern war Papà der Einzige, der das Land von Nonno liebte. Die Früchte, die das Land gab, waren zuckersüß und alles reifte allein mit dem Wasser, das der Himmel herunterfallen ließ. Trauben, Feigen, Kaktusfrüchte, Mandeln und vor allem Oliven, die für Papà das beste Produkt der Welt waren.

Für die Olivenernte fuhren wir in dieses weit weg gelegene Land, das von der Welt vergessen zu sein schien. Papà stand sehr früh am Morgen auf, atmete die frische Morgenluft ein: das vom Morgentau noch feuchte Gras mit dem Duft der Wildnis, der die Sinne aufmunterte und den Appetit anregte. Papà bereitete das Frühstück vor: Er machte ein kleines Feuer, schnitt das Brot in Scheiben und rieb sie mit Knoblauch und reifen, frisch vom Baum gepflückten Oliven ein und röstete sie dann. Es ist unmöglich, diesen entstehenden Duft zu beschreiben, ich kann nur sagen, dass der Duft von Knoblauch und Oliven nur wenige Sekunden brauchte, um uns alle zur Feuerstelle zu locken. Dann ging er pfeifend in Richtung seiner Olivenbäume, bewaffnet mit einem langen Baststock, und schlug die Äste der Bäume, damit die Oliven herunterfielen.

Eines Morgens öffnete meine Mamma das Fenster des kleinen Zimmers unseres aus Lavasteinen gebauten Häuschens und ein scharfer Geruch blies uns entgegen und nahm uns fast die Sinne. „Wir müssen raus", schrie meine Mutter. Wir liefen raus, aber es war unmöglich, zu entscheiden, in welche Richtung wir laufen sollten. Meterhohe Flammen erhoben sich und kamen uns immer näher. Papà hörte die Schreie, sah den sich immer weiter ausbreitenden Rauch von der Ferne und lief zum Haus. Man hörte seine Stimme, die unseren Schreien antwortete, und auf einmal war er in unserer Nähe, nahm die Jüngste auf den Arm und band das Muli vom großen Nussbaum ab, der in seinem Leben viel kühlen Schatten gespendet hatte. Papà befahl uns, dem Muli zu folgen, das instinktiv wusste, wo das Feuer uns noch nicht den Weg versperrte. Und obwohl das Feuer uns die Sicht und die Luft zum Atmen nahm, schafften wir es, dem Tier zu folgen. Wir blieben erst stehen, als wir am Fluss angekommen waren. Papà kühlte sein Gesicht mit dem eisigen Wasser ab; das Feuer in seinen Augen vermochte es aber nicht zu löschen. Mein Papà liebte die Gerechtigkeit, aber nun sah er sich von Gott verlassen und von seinen Träumen schmerzhaft getrennt. Viele Tränen lösten sich von ihm, die der Fluss sanft und ruhig mitnahm. Und aus seinem Mund erklang monoton, fast leblos, die Phrase: *avida terra!* Gestern noch warst du grün und gabst Hoffnung, heute bist du verbrannte Erde!

Pani abbruscato 'ccu l'agghiu e alivi
Bruschetta mit Knoblauch und Oliven

Zutaten für 4 Personen

12 kleine Weißbrotscheiben
8 Knoblauchzehen
frischer Peperoncino
25 in Salz eingelegte schwarze entsteinte Oliven
Olivenöl

Zubereitung: 15 Minuten

Öl in einer Pfanne erhitzen. Den in Scheiben geschnittenen Knoblauch, den fein geschnittenen Peperoncino und die halbierten Oliven darin kurz anbraten.

Die Brotscheiben in die Pfanne legen und gegen die Oliven mit den Knoblauchscheiben und Peperoncino drücken.

Pfanne zudecken und die Brotscheiben darin braten lassen, bis das Brot goldbraun geröstet ist. Herausnehmen und sofort servieren.

Das ist mit das ursprünglichste Bruschetta-Rezept aus Sizilien, das es gibt.

Pasta 'cca muddica e finucchiu
Makkaroni mit wildem Fenchel

Zutaten für 4 Personen

400 g kurze Makkaroni oder Rigatoni
200 g wilder Fenchel (ersatzweise Fenchelgrün)
2 kleine Frühlingszwiebeln
3 Anchovifilets
sucu di carni (Rezept siehe Seite 140)
30 g Pinienkerne
20 g Rosinen
100 g Semmelbrösel
50 g Pecorino pepato, gerieben
Semmelbrösel für die Form und zum Bestreuen
Salz, Pfeffer, Olivenöl

Zubereitung: 1 Stunde plus 2 Stunden für den *sucu di carni*

Fenchel säubern. Äußere Schalen entfernen und nur die inneren zarten Teile nehmen. In kochendes Salzwasser geben und gar werden lassen. Herausheben. Das Wasser weiterkochen lassen für die Nudeln. Fenchel erkalten lassen, ausdrücken und klein schneiden. Frühlingszwiebeln und Anchovis klein schneiden und in reichlich heißem Olivenöl anbraten, dann den Fenchel dazugeben. Makkaroni im Fenchelwasser al dente kochen.

Die Nudeln abseihen und die Hälfte der Fenchelmasse unter die Makkaroni rühren. Die Fleischsauce (am besten vom Vortag zubereitet) erwärmen, Pinienkerne und Rosinen zugeben. Die Hälfte unter die Makkaroni mischen. Die 100 Gramm Semmelbrösel in einer Pfanne mit 1 Teelöffel Öl goldbraun anrösten. Von der Flamme nehmen und mit dem Pecorino vermischen. 3/4 der Semmelbröselmischung unter die Makkaroni heben.

Eine Auflaufform mit Öl einstreichen und mit Semmelbröseln bestreuen. Dann eine Lage Makkaroni, eine Lage Sauce und etwas Semmelbrösel-Käse-Mischung nach und nach schichten, bis alle Zutaten verbraucht sind. Zum Schluss die restliche Fenchelmasse obendrauf verteilen und mit Semmelbrösel-Käse-Mischung bestreuen.

Backofen auf 250 °C vorheizen und circa 15 Minuten backen. Auf Tellern anrichten, mit etwa 1 Esslöffel Semmelbröseln bestreuen und servieren.

Sicilia

PORTO

Pisci FISCH

Sizilien wird von drei Meeren umarmt: dem Tyrrhenischen Meer im Norden, dem Ionischen Meer im Osten und dem afrikanischen Mittelmeer im Süden. Der Fisch kommt sozusagen aus drei Meeren. In der westsizilianischen Hafenstadt Mazara del Vallo befindet sich der größte Fischereihafen Italiens.

Fischmärkte und Fischhallen finden sich überall in Küstennähe. Hier wird der fangfrische Fisch angeboten. Einer der beeindruckendsten und ursprünglichsten Fischmärkte ist *a piscarìa* in Catania. Neben Schwertfisch, Thunfisch, Sardellen und Sardinen – den Nationalfischen der Sizilianer – wird eine große Vielfalt an Fischsorten, Meeresfrüchten und Krustentieren feilgeboten. So auch die typisch catanesischen kleinen Muscheln, die *telline*, die wir früher am Strand fanden und dort gleich roh aßen.

Die zunehmende Überfischung der Meere macht sich allerdings auch auf Sizilien bei den Fischpreisen bemerkbar. Für Sizilianer wird der Fischgenuss heute leider immer mehr zum Luxus.

Tunnu cruru

Thunfisch-Carpaccio

Zutaten für 4 Personen

300 g ganz frischer Thunfisch
2 Zitronen
4 EL Olivenöl
1 EL gehackte Petersilie
1 Knoblauchzehe
Salz, Pfeffer

Zubereitung: 20 Minuten plus 2-3 Stunden Marinierzeit

Thunfisch in ganz dünne Scheiben schneiden. Eventuell vorsichtig noch etwas dünner klopfen.

Zitronen auspressen und mit Olivenöl, Petersilie, klein gehacktem Knoblauch, Salz und Pfeffer verrühren.

Die Marinade auf einem Teller verstreichen und mit einer Lage Thunfisch belegen. Thunfisch mit der Marinade bepinseln und erneut eine Lage Thunfisch drüberlegen. Diesen Vorgang wiederholen, bis alle Zutaten verbraucht sind.

Thunfisch 2–3 Stunden in der Marinade ziehen lassen und dann servieren.

Das Carpaccio lässt sich auch sehr gut mit Schwertfisch zubereiten.

Sardi a beccaficu
Gefüllte Sardinen

Zutaten für 4 Personen

16 Sardinen
100 g Brotbrösel (möglichst selbst gemacht aus 2–3 Tage altem Brot)
3 Eier
50 g Pecorino siciliano, gerieben
1 Knoblauchzehe
1 getrockneter Peperoncino, zerkrümelt
1 EL sehr fein gehackte Petersilie
20 g Pinienkerne
20 g Rosinen
Salz, Pfeffer, Olivenöl

Zubereitung: 1 Stunde

Sardinen unter fließendem Wasser entschuppen. Kopf, Gräten und Innereien entfernen. Auf der Bauchseite einschneiden und wie ein Buch aufklappen und abtrocknen. Von innen gut salzen und pfeffern.

Brot entrinden und fein reiben. 2 Eier mit den Brotbröseln, dem Pecorino, dem fein gehackten Knoblauch, dem Peperoncino, der Petersilie, den ganzen Pinienkernen, den Rosinen und etwas Salz zu einer cremigen Paste verrühren. Sollte die Paste zu dick sein, etwas Olivenöl beigeben.

Eine Sardine auf der Innenseite mit 1 Esslöffel Paste bestreichen und mit einer weiteren Sardine bedecken (Innenseite auf Innenseite) und leicht zudrücken. Mit den anderen Sardinen genauso vorgehen. Dann das übrige Ei verschlagen, Sardinen darin wenden und in reichlich heißem Öl von beiden Seiten braten. Mit Zitronenscheiben servieren.

Beccaficu ist der Name eines kleinen Vogels, der sich gerne von Feigen ernährt. *Beccaficu* heißt Feigenpicker und die gefüllten Sardinen erinnerten die Sizilianer an die rundliche Form dieses Vogels.

Baccalaru a ghiotta
Stockfisch auf Tomatensauce

Zutaten für 4 Personen

800 g bereits gewässerter Stockfisch
70–80 g Mehl
1 große Zwiebel
100 g entsteinte grüne Oliven
1 Stange Staudensellerie
3 EL gehackte Petersilie
90 g Kapern
70 g Tomatenmark
300 g geschälte Tomaten aus der Dose
600 g Kartoffeln
Salz, Pfeffer, Olivenöl

Zubereitung: 1 Stunde plus eventuell 2 Tage Einweichzeit

Falls der Fisch noch nicht gewässert ist, den Stockfisch in Stücke schneiden und in reichlich Wasser 2 Tage einweichen, dabei 2–3 Mal am Tag das Wasser wechseln.

Fisch trocken tupfen, in Mehl wenden und in heißem Öl ausbacken. Zwiebel schälen und in dünne Halbmonde schneiden, Oliven halbieren, Staudensellerie klein schneiden und alles mit der Petersilie, den Kapern, dem Tomatenmark, den Dosentomaten, 3 Gläsern Wasser, 1 Esslöffel Öl und Pfeffer in einem breiten Topf zum Kochen bringen. Danach 15 Minuten auf kleiner Flamme weiterköcheln lassen.

Kartoffeln schälen, in Stücke schneiden, in heißem Öl kurz anbraten und der Sauce beifügen. Wenn die Kartoffeln fast gar sind, den Fisch auf die Sauce legen, Topf zudecken und 10–15 Minuten auf mittlerer Hitze weitergaren lassen.

Baccalaru auf Tellern anrichten und mit etwas Brot servieren.

In der Umgangssprache nennt man einen Dummkopf in Sizilien auch *baccalaru*.

Cus-cus 'cco pisci

Selbst gemachter Couscous mit Fisch

Zutaten für 4–6 Personen

400 g feiner Hartweizengrieß
ganze Fische und Meeresfrüchte, z.B. aus
etwa 300 g Kabeljau
etwa 300 g Zackenbarsch
500 g Miesmuscheln
400 g Venusmuscheln
Garnelen, Kalmar (küchenfertig, in Stücke geschnitten)
Tintenfisch (küchenfertig, in Streifen geschnitten)
– insgesamt etwa 1 kg

1 große Möhre
1 große Zwiebel
1 Stange Staudensellerie
50 g Tomatenmark
500 g passierte Tomaten
1 Glas Weißwein (ein guter!)
2 EL gehackte glatte Petersilie

Zubereitung: 1 Stunde 30 Minuten

Grieß in eine große, flache Schüssel geben und 100 Milliliter Wasser tropfenweise zufügen, dabei mit der einen Hand kreisförmig rühren. Den Grieß mit dem Wasser so durch leichtes Drücken beim Drehen vermischen. Die Teigmasse in eine Hand nehmen und mit der anderen Hand mühlenartig mit leichtem Druck drehen und in die Schüssel fallen lassen. Drehen, bis etwa gleich große Kügelchen entstanden sind. Die Teigkügelchen durch ein Sieb streichen, damit sie noch gleichmäßiger werden. Einen Dämpfeinsatz mit einem Tuch auslegen und den Couscous im Wasserdampf zugedeckt 20 Minuten dämpfen (Wasser zuvor gut salzen). Den Couscous in eine Schüssel geben, mit etwas kaltem Wasser bespritzen und mit leicht eingeölten Händen auflockern, dann zurück in den Dämpfeinsatz geben. Diese Prozedur dreimal wiederholen!

Meerestiere und Fische in kaltem Wasser abspülen. Die Fischköpfe abtrennen, Fische ausnehmen, vierteln. Die Garnelen schälen und mit den Fischköpfen in 1 Liter Salzwasser 5 Minuten kochen. Abseihen, aber das Wasser in einer Schüssel auffangen. Möhre, Zwiebel und Sellerie putzen, klein schneiden und in einem großen Topf mit heißem Öl anbraten. Tomatenmark, passierte Tomaten und 1 Liter vom Fischkochwasser dazugeben, umrühren und köcheln lassen. Weißwein angießen. Fischsorten mit längerer Garzeit zuerst dazugeben, wenn diese fast gar sind, die Weichtiere und Muscheln zugeben. Auf mittlerer Hitze, ohne umzurühren, 5 Minuten köcheln lassen. Wenn der Fisch halb oben schwimmt, ist der Sud fertig. Mit Salz, Pfeffer und Petersilie würzen, zudecken, Flamme ausmachen und etwas ziehen lassen. Couscous auf Tellern anrichten und den Fischtopf darüberschöpfen.

Sie können auch Instant-Couscous (mittelgroß) verwenden, den Sie gemäß Packungsanleitung zubereiten (Zubereitungszeit: etwa 10 Minuten).

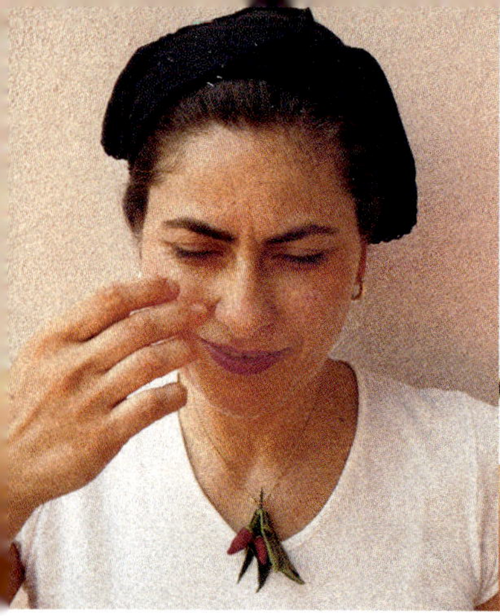

Erbe e spezie
Kräuter und Gewürze

Der scharfe, kleine, rote Freund meiner Mutter heißt Peperoncino. Dieses Teufelchen befindet sich in fast jeder ihrer Speisen. Sie benutzt den Peperoncino immer frisch, getrocknet nur, wenn die Saison vorbei ist.

Für Menschen mit einer eher „wohltemperierten Zunge" werden diese Rezepte vielleicht zu heißblütig schmecken. Man kann diese Schärfe durch die Verwendung von gewöhnlichem Pfeffer entschärfen, allerdings entzieht man damit den Speisen ihre extrem sizilianische Lebendigkeit. Der Peperoncino ist der italienische Chili mit einem Schärfegrad von ca. 500 Scoville-Einheiten. Im Gegensatz zum schärfsten Chili, dem mexikanischen Red Savina Habanero mit einem Schärfegrad von 577.000 Scoville-Einheiten, ist der italienische Teufel geradezu ein Engel!

Der Peperoncino ist aber nicht nur scharf, sondern (im Vergleich mit Pfeffer) auch gesund (er ist reich an Vitamin C und E und weist darüber hinaus einen hohen Gehalt an Carotinoiden und Flavonoiden auf). Ferner schützt er – zumindest im Volksglauben – vor dem Bösen. Als nachgeformter Schmuckanhänger an einer Halskette dient er als Schutz vor dem bösen Blick.

Zu den weiteren viel verwendeten Kräutern und Gewürzen gehören in der Küche meiner Mutter noch die naturbelassenen Zitronen, die sie bei Bedarf draußen schnell von den Bäumen pflücken kann, wild wachsende Kapern, selbst angebauter Knoblauch, der manchmal etwas winzig ausfällt, und Kräuter, die sie, wie den Peperoncino, in Tontöpfen zieht: Basilikum, glatte Petersilie, Minze und Oregano.

Knoblauch kommt niemals in eine Knoblauchpresse, sondern wird immer mit dem Messer geschnitten oder gehackt, weil man mit der Presse wortwörtlich den Geschmack zerquetscht. Und Kräuter, wenn sie nicht gerade fein geschnitten werden müssen, werden besser mit der Hand zerpflückt als mit dem Messer zerkleinert.

Puppetti 'ccu nannatu

Frikadellen von Jungfischen

Zutaten für 4 Personen

400 g *neonato di pesce* (frisch geschlüpfte Fische)
1 Knoblauchzehe
1 gehäufter EL fein gehackte glatte Petersilie
1 Messerspitze getrockneter Peperoncino
2 EL Mehl
1 EL geriebener Pecorino pepato
1 EL geriebener Ricotta salata
2 Eier
1 Prise Salz
1 Glas Olivenöl
1 Zitrone

Zubereitung: 30 Minuten

Knoblauchzehe abziehen, sehr fein hacken und mit allen oben genannten Zutaten außer dem Öl und der Zitrone in eine Schüssel geben und mit den Händen gut durchkneten.

Öl in einer Pfanne erhitzen. Mit einem Löffel die Frikadellen formen und in das heiße Öl geben. Von beiden Seiten goldbraun anbraten und warm mit Zitronenscheiben servieren.

Aus allen Zutaten, wie oben genannt, allerdings ohne Ei und Mehl, Frikadellen zubereiten. Jede Frikadelle dann auf ein Zitronenblatt legen und grillen. Ein weiteres Zitronenblatt auf die Frikadelle legen, diese dann wenden und die andere Seite grillen. Durch diese Zubereitungsart erhält die Fischfrikadelle ein frisches Zitronenaroma.

Masculini marinati
Marinierte Sardellen

Zutaten für 4 Personen

600 g frische, kleine Sardellen
5–6 Zitronen
2 Knoblauchzehen
1 Bund Petersilie
Olivenöl, Salz, Pfeffer

Zubereitung: 30 Minuten plus Marinierzeit

Sardellen unter fließendem Wasser ausnehmen. Kopf und Mittelgräte entfernen. Am Bauch entlang aufschneiden und die Filets in eine hohe Schüssel legen. Ein paar Zitronen auspressen und die Schüssel mit dem Saft auffüllen, sodass der Fisch mit Zitronensaft bedeckt ist. Eine Prise Salz dazugeben.

Ein paar Stunden ruhen lassen. Dann den Zitronensaft durch frischen ersetzen und wieder eine Prise Salz dazugeben.

Die Sardellen in den Kühlschrank legen und nach 24 Stunden aus der Marinade nehmen. Als Vorspeise mit etwas Olivenöl, viel Pfeffer, Knoblauch und Petersilie servieren. Mit einer Zitronenscheibe dekorieren.

Der Fisch kann in der Marinade 4–5 Tage aufbewahrt werden.

Auf diese Weise können auch Schwertfisch und Garnelen zubereitet werden. Den Schwertfisch in ganz dünne Streifen schneiden und marinieren. Garnelen schälen und im Ganzen marinieren.

Purpu a 'nsalata
Krakensalat

Zutaten für 4 Personen

1 kg Krake, küchenfertig
1 Lorbeerblatt
¼ Zwiebel
1 Zitrone
1 Knoblauchzehe, klein gehackt
1 EL fein geschnittene Petersilie
Salz, Peperoncino, Olivenöl

Zubereitung: 50 Minuten

Die Krake längs und auch quer plätten. Waschen und unabgetrocknet in einen Topf geben (ohne Wasser!). Lorbeerblatt, Zwiebel und Salz dazugeben und zugedeckt etwa 20 Minuten gar kochen. Ob die Krake gar ist, lässt sich mit einem Zahnstocher testen, indem man in das Fleisch sticht.

Auf einen Teller geben, zudecken und abkühlen lassen, bis der Dampf verflogen ist. Die Krake in kleine Stücke schneiden.

Aus Öl, dem Saft der Zitrone, der klein gehackten Knoblauchzehe, dem Peperoncino, der Petersilie und Salz ein Dressing mischen, unter die Krake rühren, gut durchziehen lassen und als kalte Vorspeise servieren.

Am besten man kauft kleine Kraken, da diese ein zarteres Fleisch haben.

Involtini di piscispata

Schwertfischröllchen

Zutaten für 4 Personen

16 Scheiben Schwertfisch (vom Fischhändler in ca. 10 cm lange und 3 mm dünne Scheiben schneiden lassen)
1 EL Rosinen
1 EL Pinienkerne
1 große Knoblauchzehe, klein gehackt
1 EL fein gehackte Petersilie
100 g Semmelbrösel
2 EL geriebener Pecorino siciliano
Olivenöl, Salz, Pfeffer

Zubereitung: 30 Minuten

Fisch salzen. Auf einen Teller reichlich Olivenöl geben und den Fisch darin wenden.

Rosinen in etwas Wasser einweichen, ausdrücken und klein schneiden. Rosinen mit Pinienkernen, dem Knoblauch und der Petersilie, 6 Esslöffeln Semmelbrösel, Pecorino, 4 Esslöffeln Olivenöl, Salz und Pfeffer zu einer Paste verrühren.

Die Paste in die Mitte der Fischscheiben geben, einrollen und mit Holzzahnstochern zusammenstecken. Die *involtini* in Semmelbröseln wenden.

Anschließend jeweils vier Röllchen auf einen Schaschlikspieß stecken und auf dem mittelheißen Grill rundherum goldbraun grillen.

Carni FLEISCH

Auch wenn die sizilianische Küche durch die Vielfalt an Gemüsegerichten fast vegetarisch anmutet, gibt es durchaus auch traditionelle Fleischgerichte, zum Beispiel den *Falsumagru,* dessen Ursprung in der Zeit der Anjous auf Sizilien liegt, oder meine geliebte *Sasizza 'ccu finucchiu* .

Neben Schweinefleisch, Kaninchen und Hühnchen wird im Speziellen auch Lammfleisch für Fleischgerichte gern verwendet. Da Schweinefleisch im Gegensatz zu Rind und Lammfleisch bei Hitze schneller verdirbt, wurde Schweinefleisch bis vor einigen Jahren nur im Winter angeboten und verzehrt.

Dennoch war Fleisch und vor allem Rindfleisch rar in der sizilianischen Küche. Die ärmeren Inselbewohner mussten sich entweder mit Innereien begnügen oder Wildtiere fangen. Auf dem Teller landeten nicht nur Wildkarnickel, sondern auch Igel, Sperlinge oder gesammelte Schnecken. Für uns Kinder war es immer ein großer Spaß, Schnecken bei Regenwetter zu sammeln – die wir dann später in einer würzigen Tomatensauce wiederfanden.

La Partenza Die Abfahrt

Von Giusi Vicenzino

Es verging das Jahr 1972. Unsere Familie bestand mittlerweile aus fünf Personen. Papà arbeitete, wie der größte Teil der Dorfbewohner, als Bauer auf dem Feld. Er liebte seine Arbeit, die ihn mit der Natur verband, aber es war auch eine Arbeit, mit der man die Speisekammer nicht füllen konnte. Unser Nonno, der Vater meines Papà, unterstützte uns beim Auffüllen unserer Kammer. Aber nachdem unser kleines Stück Land durch das Feuer nur noch zu einem Häufchen Asche geworden war, verschlimmerte sich die Lebenssituation.

Eines Tages entschieden sich unsere Eltern, nach Deutschland zu fahren, während ich und meine Geschwister für ein halbes Jahr bei unserer Lieblingstante vorerst zurückblieben. Unsere Mamma kam dann eines Tages und holte uns wieder ab. Wir fuhren mit dem ersten Zug am frühen Morgen los. Unser Hab und Gut passte in einen einzelnen Koffer. Die Fahrt verging wie im Flug und ich klebte die ganze Zeit mit dem Gesicht am Fenster. Wir durchfuhren ganz Italien und durchquerten die Alpen. Was für ein Gefühl von Freiheit und Abenteuer diese vielen Landschaften vermittelten! Meine Gedanken aber gingen immer wieder zurück zu meinem Dorf, zu den Menschen, die ich vielleicht nie mehr wiedersehen würde.

Während mir all diese Bilder durch den Kopf gingen, dachte ich auch an den zurückgelassenen Nonno, der nun allein war (die Nonna war vor einigen Jahren gestorben). Nicht, dass mich dies hätte umkehren lassen wollen, denn er war gerne allein, es war vielmehr die Sorge um das Weinfass. Mit Sicherheit würde er nach dem dritten Gang zum Wein etwas verwirrter werden, den Hahn offen lassen und der ganze Wein würde verloren gehen. Ich würde dann aber nicht da sein, um ihm welchen kaufen gehen zu können, und er würde dann bemerken, dass ich nicht mehr da bin. Er würde dann vor Kummer nicht mal mehr *sasizza* essen … und bei diesem Gedanken kam mir eine Träne, denn auch ich würde in der Ferne bald keine *sasizza* mehr essen können. Aber ohne *sasizza* mit dem Duft des Fenchels verschwindet jede Lebensfreude am Esstisch, und dieser Duft würde mir sehr fehlen. Jeder weiß: Eine *sasizza* ohne Fenchel ist wie eine schöne Blume, die nicht duftet

BINARIO
1

Coddu di iaddina chinu

Gefüllter Hühnerhals

Zutaten für 1–2 Personen

1 Poularde mit Kopf und Poulardeninnereien (Magen, Herz, Lunge, Leber)
1 kleine Zwiebel, fein gewürfelt
1 Knoblauchzehe, fein gehackt
2 EL klein gehackte Petersilie
2 EL geriebener Parmesan
1 rohes Ei
2 hart gekochte Eier
1 kleine Möhre
1 mittelgroße Kartoffel
1 Tomate
1 Stange Staudensellerie
2 Poulardenflügel
Salz, Pfeffer, Olivenöl

Zubereitung: 1 Stunde 40 Minuten

Die Haut im Ganzen vom Halswirbelknochen vorsichtig abziehen, ohne sie dabei zu verletzen (falls Sie eine ganze Poularde haben: zunächst den Kopf samt Hals etwa 2 cm über dem Rumpf abtrennen). Den Knochen unterhalb des Kopfes abhacken und beiseitelegen. Die Zunge herausziehen, Schnabel, Augen und alle restlichen Federkiele entfernen und wegwerfen. Die Innereien waschen, nass in einen Topf legen und auf mittlerer Stufe garen, bis die Flüssigkeit verdampft ist.

Die Innereien klein schneiden. Zwiebel und Knoblauch in heißem Öl anschwitzen, Innereien dazugeben, 1 Esslöffel der klein gehackten Petersilie darüberstreuen und mit Salz und Pfeffer würzen. Kurz weitergaren lassen, vom Herd nehmen, abkühlen lassen und mit dem Parmesan und dem rohen Ei vermischen. Den vorbereiteten Hühnerhals damit füllen und zwischendurch die halbierten hart gekochten Eier mit hineinlegen.

Den Hals mit Küchengarn sorgfältig zunähen. Mit den Flügeln und dem Halsknochen in einen hohen Topf geben und mit Wasser auffüllen. Möhre, Kartoffel, Tomate und Staudensellerie putzen, in Stücke schneiden und dazugeben. Das Ganze salzen und etwa 1 Stunde kochen. Den Hals in Scheiben schneiden und samt Kopf mit etwas Brühe sowie der restlichen Petersilie garniert servieren.

Vaccareddi 'ccu sucu

Schnecken in Tomatensauce

Zutaten für 4 Personen

1 kg Weinbergschnecken
100 ml Essig
2 Frühlingszwiebeln
4 Tomaten
2 EL gehacktes Basilikum
Peperoncino, Salz, Olivenöl

Zubereitung: 45 Minuten plus 3 Stunden Schnecken säubern und kochen

Schnecken waschen. In einen Topf mit reichlich kochendem Wasser und einigen Esslöffeln Essig geben, zugedeckt kochen lassen.

Das Gleiche dann ohne Deckel dreimal mit frischem Wasser und Essig wiederholen.

Frühlingszwiebeln klein schneiden und in reichlich Öl goldbraun anbraten. Tomaten mit heißem Wasser übergießen, Schale abziehen, Stielansatz entfernen, in Stücke schneiden und zu den Zwiebeln geben. Basilikum, Peperoncino und Salz hinzugeben und etwas köcheln lassen.

Die Schnecken mit einem Glas Wasser in die Tomatensauce geben, zudecken und aufkochen lassen. Danach auf mittlerer Hitze weitere 15 Minuten zugedeckt köcheln lassen, bis die Flüssigkeit verdampft ist.

Auf Tellern anrichten und mit Brot servieren.

In Deutschland ist das Schneckensammeln ganzjährig verboten, da Weinbergschnecken unter Naturschutz stehen. Aber es gibt sehr gute Produkte mit bereits küchenfertigen Tieren von Schneckenfarmen. Das spart immerhin 3 Stunden Zeit in der Küche und verschafft ein reines Öko-Gewissen.

Purpetti 'ccu sucu

Frikadellen in Tomatensauce

Zutaten für 4 Personen

200 g gehacktes Schweinefleisch
200 g gehacktes Rindfleisch
50 g altbackenes Weißbrot
100 ml lauwarme Milch
1 Ei
1 kleine Knoblauchzehe, fein gehackt
1 EL klein gehackte glatte Petersilie
2 gehäufte EL geriebenen
Pecorino siciliano

Für die Sauce:
½ Zwiebel
1 Stange Staudensellerie
400 g passierte Tomaten
1 EL Kapern
1 EL klein gehacktes Basilikum
40 ml Rotwein
Salz, Peperoncino, Olivenöl

Zubereitung: 40 Minuten

Brot in der lauwarmen Milch einweichen, gut ausdrücken. Das Brot dann mit Hackfleisch, Ei, etwas Salz, 1 Messerspitze Peperoncino, Knoblauch, Petersilie und Pecorino in eine Schüssel geben und gut durchmischen. Aus der Fleischmasse 8 flache Frikadellen formen und in reichlich heißem Olivenöl bei mittlerer Hitze anbraten.

Für die Sauce Zwiebel und Staudensellerie klein hacken und in heißem Olivenöl andünsten. Mit einem Schluck Rotwein ablöschen und die passierten Tomaten dazugeben. Mit Salz und einer Prise Peperoncino würzen und aufkochen lassen. Die Kapern zufügen und kurz weiterkochen lassen.

Basilikum unterrühren, Frikadellen in die Sauce geben, sodass sie bedeckt sind, und etwa 15 Minuten bei mittlerer Hitze zugedeckt garen lassen.

Frikadellen mit Sauce auf Tellern anrichten, etwas Olivenöl darübergeben und mit Brot servieren.

Scaluppini o'marsala

Kalbsmedaillons mit Marsala

Zutaten für 4 Personen

8 kleine Kalbsmedaillons
50 g Mehl
1 Glas Marsala (sizilianischer Dessertwein)
1 Lorbeerblatt
Salz, Pfeffer, Olivenöl

Zubereitung: 20 Minuten

Das Fleisch klopfen und beide Seiten salzen und pfeffern. In Mehl wenden und in heißem Öl von beiden Seiten braun braten.

Mit Marsala ablöschen, ein Lorbeerblatt hinzufügen und zugedeckt auf mittlerer Hitze etwa 2 Minuten etwas einkochen lassen. Die Schnitzel in der Pfanne wenden und erneut 2 Minuten braten.

Die *scaluppini* können mit grünem Salat, der mit Balsamico und Olivenöl angemacht wird, serviert werden.

L'arrivo Die Ankunft

Von Giusi Vicenzino

Wir kamen gegen 6 Uhr morgens in Köln an. Mein Papà holte uns am Bahnhof ab. Alles war hier so groß: Mein Kopf war von den riesigen Gebäuden, die mich überall umgaben, benebelt. Noch nie hatte ich solch hohe Häuser gesehen, so hohe Menschen (und erst jetzt bemerkte ich, wie klein meine Mamma war) und so riesige Straßen mit Autoschlangen, die wie Flüsse aussahen. Mein Papà gab uns viele Ratschläge, wie wir uns zu verhalten hatten (in unserem neuen Zuhause waren Kinder nicht erlaubt und wir mussten uns so auf ein lautloses Leben im Geheimen einstellen). Ich versuchte mit meinen Ohren die Worte meines Papà einzufangen, aber es war schier unmöglich, denn meine Augen sogen genauso schnell wie die Bahn, die uns zu unserem neuen Zuhause fuhr, alles auf. Mein Papà betrat als Erster das neue Haus, um nachzuschauen, ob niemand den Flur herunterkam. Währenddessen blieb mein Blick an den Kaminen hängen. Ich fragte meine Mamma, was diese merkwürdigen, rauchenden Türme seien (etwa die Spitze eines Schlosses?). Sie antwortete, dass dies die Kalkfabriken seien und dass wir von Glück reden könnten, dass der Wind heute in die andere Richtung blase. „Warum, was passiert denn, wenn der Wind in die andere Richtung bläst?" Da antwortete sie, dass es in dem Falle dann besser sei, die Fenster zu schließen.

Papà gab uns ein Zeichen. Auf Zehenspitzen gingen wir die Treppen hoch. Auf einmal öffnete sich eine Tür. Es war der Hausmeister. Er machte ein Handzeichen, als würde er fragen wollen: „Alles in Ordnung?" Papà antwortete mit dem gleichen Handzeichen, und die Tür schloss sich wieder. Wir betraten eine Wohnung mit zwei kleinen Zimmern. Das Erste, was ich tat, war, zum Fenster zu rennen und hinauszuschauen. Aber ich sah nur die Flanke des gegenüberliegenden Hauses.

Mamma bereitete das Frühstück vor, das aus süßem Gebäck bestand, das Papà extra für uns gekauft hatte. Aber das Gebäck schmeckte uns nicht und Papà war enttäuscht. Aber auch das Brot und die Milch schmeckten uns nicht. Nicht einmal das Wasser schmeckte uns. Es war schon spät geworden und meine Eltern mussten arbeiten gehen. Wir Kinder verbrachten die Zeit bis zum Abend damit, alle Geräusche, die wir im Haus hörten, zu deuten. Die Dunkelheit war angebrochen und meine zwei Schwestern und ich waren auf dem Sofa eingeschlafen, ohne zu bemerken, dass Mamma und Papà schon zurückgekehrt waren und das Abendessen vorbereitet hatten. Zum Abendessen gab es *pasta o'furnu!* Was ist das Besondere an *pasta o'furnu?* Es ist das Gericht, das alle Depressionen heilt, jeden Herzschmerz beseitigt und dich mit der Welt Frieden schließen lässt. Was braucht man mehr?

(Rezept Nudelauflauf Seite 94)

Cunigghiu a cacciatura

Kaninchen süßsauer

Zutaten für 4 Personen

750 g küchenfertiges Kaninchen
400 g Kartoffeln
100 g Zwiebel
1 Stange Staudensellerie
50 g entsteinte Oliven
1 EL Kapern
1 Lorbeerblatt
1 gehäufter TL Oregano
2 EL Zucker
½ Glas Weißweinessig
Salz, Pfeffer, Olivenöl

Zubereitung: 1 Stunde 20 Minuten

Kaninchen in Stücke schneiden, waschen, trocken tupfen und in heißem Öl goldbraun braten. Das Kaninchen salzen und pfeffern.

Zwiebel abziehen, in Streifen schneiden und in heißem Öl glasig anbraten. Sellerie in kleine Stücke schneiden, Oliven halbieren und beides zusammen mit den Kapern zu den Zwiebeln geben und kurz mit anbraten.

Kartoffeln schälen, in Stücke schneiden und in heißem Öl halb gar anbraten. Kaninchen, Kartoffeln und Zwiebelgemisch in einen Topf geben. Lorbeerblatt, Oregano, Zucker und Weißweinessig dazugeben, umrühren und zugedeckt auf niedriger Flamme gar schmoren lassen, bis der Essig verdampft ist.

Dann 1 Glas Wasser hinzufügen und weiterschmoren lassen, bis die Kartoffeln und das Kaninchen fertig gegart sind und die Sauce dicklich eingekocht ist. Gegebenenfalls noch ein wenig Wasser hinzugießen. Mit Salz und Pfeffer abschmecken und servieren.

14

Duci SÜSSES

Barock ist auf Sizilien meist nicht nur die Architektur, sondern auch die Erscheinung der Süßspeisen. Allen voran die Cassata, die sizilianische Königin der Torten. Diese zeigt sich in immer wieder neuen aufwendigen Dekorationen auf ihrer sie umhüllenden Marzipanschicht.

Mandeln, Pistazien, kandierte Früchte, Honig und Ricotta wird man oft in den sizilianischen Süßspeisen wiederfinden. Nicht nur die Zutaten für die Süßspeisenherstellung lassen einen arabischen Ursprung vermuten, auch deren Herstellung hat dort ihre Basis. Allerdings verlagerte sich die Kunst der Süßspeisenherstellung auf sizilianische Klöster, wo sie nicht nur verfeinert und erweitert wurde, sondern die Nonnen auch darin „sündig" werden ließ, dass es 1575 zu einem Verbot der Süßwarenherstellung in Klöstern während der heiligen Woche kam.
Die bekannten „Frutti della Martorana" – bunt angemalte Früchte und Gemüsesorten aus Marzipan – tragen den Namen des Klosters Martorana in Palermo. Diese traditionellsten Süßspeisen wurden von den dortigen Nonnen erfunden.

Cannoli siciliani
Teigrollen mit Ricotta

Zutaten für 6 Stück

Für die Cannoli:
140 g Mehl
1 Ei (Größe S)
25 g Schweineschmalz
15 g Zucker
3 EL Rotwein
1 Messerspitze Zimt
300 ml Maisöl

Für die Füllung:
400 g Ricotta
80 g Zucker
1 Päckchen Vanillezucker
30 g Schokostückchen
20 g klein gehackte Pistazien
11 kandierte Kirschen
Puderzucker zum Bestreuen

Zubereitung: 1 Stunde plus Kühlzeiten

Das Ei verschlagen und mit dem Schweineschmalz, Puderzucker, Rotwein, dem Zimt und dem Mehl zu einem festen Teig kneten, in Klarsichtfolie wickeln und mindestens 1 Stunde im Kühlschrank ruhen lassen.

Arbeitsplatte mit etwas Mehl bestreuen. Den Teig circa 2 Millimeter dünn ausrollen. Sechs 10 x 10 Zentimeter große Quadrate aus dem Teig ausschneiden. Backrollen diagonal auf jede Teigplatte legen und die gegenüberliegende Teigecke mit Wasser anfeuchten. Den Teig locker aufrollen und an der befeuchteten Teigecke leicht andrücken. Teigrollen ins heiße Maisöl gleiten lassen und darin 3–4 Minuten goldgelb ausbacken. Die Teigrollen müssen so viel Platz haben, dass sie sich im Öl drehen können. Auf Küchenpapier abtropfen, abkühlen lassen und die Backrollen vorsichtig herausziehen.

Für die Füllung Ricotta durch ein Sieb streichen und mit dem Zucker, Vanillezucker, den Schokostückchen, 10 g Pistazien und 5 klein gehackten kandierten Kirschen verrühren und für 30 Minuten in den Kühlschrank stellen. Danach die Teigrollen mit der Creme füllen und mit Puderzucker bestreuen. Jeweils eine Cannoli-Seite mit einer kandierten Kirsche dekorieren und die andere Seite mit Pistazien bestreuen.

Diese Metallrollen bekommen Sie in Italien überall. Sie können sie auch über das Internet bestellen.

Colazione siciliana
Sizilianische Frühstück

Auf Sizilien fängt ein heißer Sommermorgen eiskalt an, und zwar mit einer Granita, einer Art Sorbet aus Zucker, Wasser und natürlichen traditionellen Zutaten wie Zitrone, Kaffee und Mandeln. Berichten zufolge haben die Chinesen schon 2000 Jahre vor Christus eine vereinfachte Form der Granita hergestellt, indem sie Schnee, den sie aus den Bergen holten, mit Fruchtsäften vermischten.

Auch auf Sizilien wurde am Anfang für die Eiszubereitung Schnee vom Ätna abgetragen. Dieses Verfahren lernten die Sizilianer von den Arabern kennen, die lange Zeit die Insel besetzt hielten und nicht nur eine verfeinerte Eisherstellung kannten, sondern auch den Zucker dafür mitbrachten. Die ursprünglichste Granita ist die *granita di lumia*, zubereitet aus sizilianischen Zitronen, die auf der gesamten Insel an den Zitronenbäumen das ganze Jahr über überreich wachsen.

Heute bekommt man die Granita in sehr vielen verschiedenen Geschmacksrichtungen: Schokolade, Erdbeere, Pistazie, Maulbeere, Pfirsich, Jasminblüten und vieles mehr. Hauptstadt der Granita ist Catania, hier wird die beste *granita di mennula*, Granita mit Mandeln, hergestellt. Diese ist auch meine bevorzugte Geschmacksrichtung, die ich mir in der Bar immer mit einem Sahnehäubchen und einer Brioche bestelle. Früher aß man dazu trockenes Brot, das die Form einer kleinen Hand hatte und somit den Namen *manuzza* erhielt. Während man früher Stücke von der „Hand" abbrach und in die Granita tunkte, macht man dies heute mit der Brioche, die einem Milchbrötchen mit einem kleinen Kopf in der Mitte ähnelt.

Nach diesem Kälteschock-Genuss (ich ziehe es einer kalten Dusche am Morgen vor) genießt man noch einen Espresso oder trinkt ein Glas Wasser und basta – das war's. Das sizilianische Frühstück ist etwas außergewöhnlich, sehr minimalistisch und für viele Touristen gewöhnungsbedürftig. Wenn man aber einmal Geschmack daran gefunden hat, will man einfach nie mehr wieder einen heißen Morgen auf Sizilien anders beginnen als mit diesem süßen, eiskalten Erwachen.

Cassata
Sizilianische Torte

Zutaten für eine Torte mit 8–12 Stücken

Biskuit:
5 Eier
150 g Zucker
1 Päckchen Vanillezucker
abgerieben Schale von
1 unbehandelten Zitrone
abgeriebene Schale von
1 unbehandelten Orange
150 g Kartoffelmehl
1 TL Backpulver
75 g Mehl
Salz, Öl
400 ml Strega oder Marsala
(sizilianischer Dessertwein)
1 TL Zimt

Creme:
300 g Puderzucker
1 kg Ricotta, abgetropft und durch ein Sieb gestrichen
100 g Schokotropfen
70 g gehackte kandierte Früchte
2 Päckchen Vanillezucker
2 TL Zimt

Dekor:
200 g Modelliermarzipan
250 g Puderzucker, gesiebt
1–3 Tropfen Zimtöl
1 Messerspitze Vanillezucker
kandiertes Obst nach Wahl
1 Tube Schokolade zum Dekorieren

Zubereitung: 1 Stunde plus Kühl- und Abtropfzeiten

Eweiß mit einer Prise Salz steif schlagen. Eigelbe mit dem Zucker, Vanillezucker, der Zitronen- und Orangenschale schaumig rühren. Eischnee unterheben. Das mit Stärke und Backpulver vermischte und gesiebte Mehl einrühren. Teig in eine eingeölte und leicht bemehlte Kuchenform (22 cm Ø) füllen. Bei 180 °C im vorgeheizten Backofen 30–35 Minuten backen. Auskühlen lassen.

Zutaten für die Creme verrühren. Biskuit waagerecht dritteln. Boden mit reichlich Likör tränken, mit ½ Teelöffel Zimt bestäuben und mit der Hälfte der Ricottacreme bestreichen. Erneut mit dem zweiten Biskuitboden so verfahren. Dritten Biskuitboden nur noch mit Likör tränken. Cassata für 30 Minuten in den Kühlschrank stellen.
Marzipan geschmeidig kneten und mit etwas Puderzucker schön dünn ausrollen (am besten auf einer Küchenfolie). Die Cassata damit ganz bedecken.

An den Seiten festdrücken. Puderzucker mit dem Zimtöl, dem Vanillezucker und 3 Esslöffeln Wasser auf niedriger Stufe unter Rühren auflösen und schnell (!) über die Torte und über die Seiten gießen. Glatt streichen und Ränder sauber begradigen. Cassata mit kandierten Früchten und Dekorschokolade verzieren. Vor dem Servieren mindestens 2 Stunden kühlen.

LUXARDO
elenka

Cuccìa
Sizilianischer Kornkuchen

Zutaten für 8–10 Personen

500 g ganzer Weizen
500 g Ricotta
300 g Zucker
10 g Zimt
1 Päckchen Vanillezucker
50 g klein gehackte kandierte Früchte
4 EL Maraschino (Kirschlikör)
100 g klein gehackte Schokolade
30 g klein gehackte Pistazien
einige kandierte Früchte, Pistazien und Schokoraspel zum Dekorieren

Zubereitung: 20 Minuten plus etwa 27 Stunden Zubereitung des Weizens

Weizen 24 Stunden in Wasser einweichen. Dann in einem Topf mit Wasser bedecken und in etwa 3 Stunden weich kochen. Immer wieder neues warmes (!) Wasser nachfüllen. Wenn der Weizen gar ist, das Wasser abgießen und das Getreide erkalten lassen.

Den Ricotta durch ein feines Sieb passieren und mit dem Zucker, Zimt, Vanillezucker, den kandierten Früchten, dem Maraschino, der Schokolade und den Pistazien gut verrühren. Den Weizen untermischen und das alles in eine runde Kuchenform geben, stürzen und mit Schokoladenstücken, Pistazien und kandierten Früchten bestreuen.

Der 13. Dezember ist der Tag von Santa Lucia. An diesem Tag wird *la cuccìa* zubereitet.

Cutugnata
Quittenbrot

Zutaten für 10 große oder 20 kleine Förmchen

1 kg Quitten
1 kg Zucker (eventuell weniger)
1 unbehandelte Zitrone
Wasser

Zubereitung: 2 Stunden plus Trockenzeit

Quitten mit einer Bürste sorgfältig säubern. Danach vierteln und Kerngehäuse herausschneiden. In einen Topf geben und mit Wasser auffüllen, bis das Fruchtfleisch leicht bedeckt ist. Eine halbe Zitrone auspressen und den Saft in das Wasser geben. Die andere Zitronenhälfte mit Schale klein schneiden und ebenfalls ins Wasser geben.

Die Quitten weich kochen. Wasser abgießen und Quitten durch ein Sieb passieren. Die Fruchtpaste abwiegen und mit der gleichen Menge Zucker verrühren. In einen Edelstahltopf geben und auf mittlerer Flamme unter ständigem Rühren eindicken lassen, bis sich die Masse von der Topfwand löst.

Die Fruchtpaste in kleine Tongefäße oder Puddingförmchen verteilen und erkalten lassen.

Danach die Förmchen mit Gaze als Insektenschutz abdecken und für mindestens 1 Woche in die Sonne stellen, bis die Paste ganz getrocknet ist, dabei ab und zu die *cutugnata* aus den Förmchen nehmen und wenden.

Wenn Sie nicht von der sizilianischen Sonne verwöhnt sind, lässt sich die Paste auch im warmen Backofen oder auf einem Kachelofen trocknen.

Mustazzola
Süßspeise mit vino cotto

Zutaten für ca. 25 Stück

50 g Mandeln
500 ml *vino cotto* (eingekochter Traubenmost; ersatzweise Zuckerrübensirup)
200 g Mehl plus etwas mehr zum Bemehlen und Kneten
4 EL Honig
2 TL Zimt
abgeriebene Schale von 2 unbehandelten Orangen
1 EL ungesüßtes Kakaopulver

Zubereitung: 45 Minuten plus etwa 2 Tage ziehen lassen

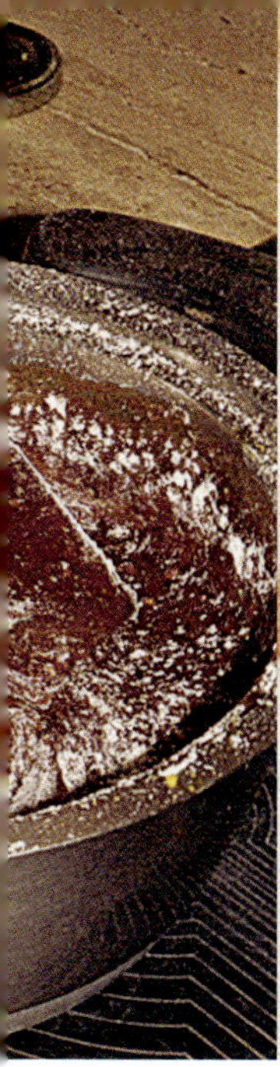

Die Mandeln in einer Pfanne rösten und danach in einem Mörser klein stampfen.

300 Milliliter *vino cotto* abmessen und mit der Hälfte des Honigs verrühren. Bei mittlerer Hitze zum Kochen bringen. Die Hälfte der Mandeln, des Zimts und die Hälfte der geriebenen Orangenschale dazugeben. Die 200 Gramm Mehl durch ein Sieb nach und nach dazuschütten. Dabei rühren, bis die Masse eine Art Puddingkonsistenz erhält.

Arbeitsplatte bemehlen, Teigmasse auf die Mehlfläche geben und mit etwas Mehl ein wenig durchkneten. Dann eine 2–3 Zentimeter dicke Rolle formen und diese in 5–6 Zentimeter lange Stücke schneiden. Die Teigstücke zu einer S-Form biegen und in der Mitte leicht zusammendrücken.

Den Ofen auf 180 °C vorheizen. Etwas Mehl auf ein Backblech streuen und die *mustazzola* etwa 20 Minuten backen. Abkühlen lassen.

Die restlichen Mandeln mit dem übrigen Zimt, der restlichen Orangenschale, den 200 Millilitern *vino cotto*, übrigem Honig und dem Kakao in einen Topf geben, gut verrühren und aufkochen lassen. Die Konsistenz sollte honigartig sein. Die *mustazzola* hineingeben, Flamme ausmachen, vorsichtig umrühren und etwa 48 Stunden im Sud lassen. Öfters wenden.

Die *mustazzola* sind frisch aus dem Ofen noch weich, werden nach dem Abkühlen hart und in einigen Tagen erneut weich.

Latti di mennula

Mandelmilch

Zutaten für etwa 1 Liter Mandelmilch

1 kg süße Mandeln
120 g Zucker (je nach Geschmack mehr oder weniger)

Zubereitung: 40 Minuten

In einem Topf 2 Liter Wasser aufkochen lassen. Die Mandeln in das kochende Wasser geben, den Topf zudecken und die Flamme ausmachen. Die Mandeln ein paar Minuten ziehen lassen. Dann mit einem Schaumlöffel herausschöpfen und die braune Schale abpellen.

Die Hälfte der Mandeln zusammen mit 1 Liter Wasser im Mixer pürieren. Die Püriermasse durch ein Gazetuch pressen und die daraus gewonnene Mandelmilch in einem Behälter auffangen. Die Paste erneut mit 1/4 Liter der gewonnenen Mandelmilch in den Mixer geben und die Püriermasse erneut durch ein Gazetuch pressen. Den gleichen Vorgang mit den restlichen Mandeln wiederholen.

Die gewonnene Mandelmilch zum Schluss mit Zucker abschmecken. Gut gekühlt trinken.

Wer eine geschmacksintensivere Mandelmilch haben will, sollte die ganze Mandelpaste so lange pürieren und durch ein Gazetuch auspressen, bis nur noch ganz wenig Paste am Ende übrig bleibt.

Biancumanciari

Mandelpudding

Zutaten für 4 Personen

500 ml gezuckerte Mandelmilch (siehe Rezept Seite 180)
1 unbehandelte Zitrone
40 g Weizenstärke

Zubereitung: 10 Minuten plus 40 Minuten Zubereitung der Mandelmilch plus etwa 2 Stunden zum Abkühlen

Die zubereitete Mandelmilch mit der Schale der Zitrone in einem Topf erhitzen. Die Zitronenschale herausnehmen. Die Stärke mit etwas Wasser verrühren und in die Mandelmilch geben. Bei mittlerer Hitze unter ständigem Umrühren kochen, bis eine dickflüssige Creme entsteht. Aufpassen, dass keine Klümpchen entstehen!

Den Topf vom Herd nehmen und die Creme in Keramikschälchen oder zum Stürzen in Puddingförmchen füllen, die zuvor mit kaltem Wasser ausgespült wurden. Die Creme mindestens 2 Stunden (oder über Nacht) vor dem Stürzen und Servieren kalt stellen.

Das wirklich alte Originalrezept, das meine Mutter von ihrer Mutter überliefert bekam, besteht allerdings nicht aus Mandelmilch, sondern nur aus Milch, Zucker, Zitrone und einer selbst gemachten Stärke aus eingeweichten und ausgepressten Weizenkörnern. Wenn es keine Milch gab, so wurde nur das Einweichwasser des Weizens mit Zucker und Zitrone gegessen. Die Konsistenz war dann aber recht flüssig. Der *biancumanciari* ist eine sehr alte Süßspeise aus dem Mittelalter und ist französischen Ursprungs.

La neve Der Schnee

Von Giusi Vicenzino

Ein paar Tage nach unserer Ankunft begann es zu schneien. Die Landschaft des Vortages war verschwunden. Ich konnte meinen Augen kaum trauen, so etwas Schönes (außer dem Meer) hatte ich noch nie gesehen.

Noch im Schlafanzug lief ich zum Hinterhof hinaus und schmiss mich auf dieses weiche Bett. Der Himmel über mir war sehr friedlich. Ich aß den Schnee, warf ihn in die Luft und ließ ihn auf mein Haar erneut schneien. Meine zwei kleinen Geschwister klebten mit der Nase am Fenster und vergnügten sich dabei, mir bei meinem Schneespiel zuzuschauen.

Ich schrie ihnen zu, das Fenster zu öffnen, und warf ihnen Schneebälle zu. Nachdem meine erste Schnee-Euphorie vorbei war, bemerkte ich, wie kalt und durchgefroren ich war. Meine Zähne klapperten und so beschloss ich, in die warme Wohnung zurückzukehren.

Erschrocken und mit offenem Mund stand ich in unserer Wohnung und ließ meine Arme sinken. Das Zimmer stand unter Wasser. Ich versprach meinen zwei Geschwistern, dass ich sie zum Spielen mit dem Schnee nach draußen brächte, wenn sie mir beim Aufwischen helfen würden. Ich versprach auch, dass dann die Schule für sie ausfallen würde.

Sie schauten mich mit strengem Blick an, fingen an, Theater zu machen, und wollten unbedingt zur Schule gehen. Ich verstand einfach nicht, warum sie um alles in der Welt lieber zur Schule wollten. Das ärgerte mich! Welchen Grund hatte es, auf das Spielen mit dem Schnee zu verzichten und stattdessen lieber in die Schule zu wollen? Das war doch ein Scherz!

Die kleinste meiner Schwestern fing plötzlich an, gegen mein Bein zu boxen und erklärte mir: „Wenn wir nicht zur Schule gehen, bekommen wir von dir nicht das gebratene Eierbrot gemacht! Und wir wollen es! Wir wollen es! Das ist das Problem!“

(Rezept Frittiertes Eierbrot Seite 78)

Granita di gelsuminu

Sorbet aus Jasminblüten

Zutaten für 4–6 Personen

2 Handvoll Jasminblüten
150 g Zucker
1 Messerspitze Zimt
½ Zitrone, ausgepresst
1 EL Rum

Zubereitung: 20 Minuten plus Kühl- und Einweichzeit

Jasminblüten in 1 Liter Wasser über Nacht einweichen lassen. Am nächsten Tag das Jasminwasser durch ein Sieb in eine flache gefrierfeste Schüssel abseihen. Zucker mit 300 Milliliter Wasser kurz aufkochen, abkühlen lassen. zum Jasminwasser geben und mit dem Zimt, dem Rum und dem Zitronensaft verrühren.

Die Schüssel etwa 5 Stunden ins Gefrierfach stellen. Sobald das Wasser zu gefrieren beginnt, mit einer Gabel umrühren.

Während der Gefrierzeit die Granita jede Stunde umrühren, damit die Eiskristalle fein bleiben. Gegebenenfalls die Granita kurz vor Gefrierende mit dem Mixer zerkleinern.

Die Granita mit einem Esslöffel abschaben und in Gläser füllen. Mit Jasminblüten dekorieren und sofort servieren.

Wer mag, kann die Granita auch mit einer Sahnehaube und einer Brioche (ersatzweise einem Milchbrötchen) servieren.

Le feste della famiglia
DIE FAMILIENFESTE

Picnic sulla spiaggia
Picknick am Strand

La festa della Madonna a Militello
Das Fest der Madonna in Militello

Sagra del pomodoro
Das Fest der Tomaten

Sagra del fico d'india
Das Fest der Kaktusfeige

Pasqua e Natale
Ostern und Weihnachten

Picnic sulla spiaggia
Picknick am Strand

Am frühen Abend, wenn der Himmel sich blaurosa färbt und die Sonne langsam untergeht, werden die Speisen herausgeholt und auf der rosafarbenen Tischdecke ausgebreitet. Der Strand wird dann ganz ruhig, die Menschen gelassener und das Meer fast weise.

Wir entscheiden uns für folgende Speisen, weil sie auch kalt wunderbar schmecken und sich gut transportieren lassen: *Parmigiana a catanisa, sasizza arrustuta, cutuletti* und *pisci d'ovu 'cca sparaci.* Dazu ganz viele frische *panini* und Obst.

Alle paar Meter sieht man dann Angler, die mit stoischer Ruhe ihre im Meer versunkene Angelschnur fixieren. Neben uns breiten auch andere Familien ihre vielen Speisen aus, bauen Tische und Stühle auf und errichten im Nu ein kleines Esszimmer mit vielem Komfort.

Sizilianer verbringen sehr gerne den ganzen Tag bis hin zum Abend am Strand. Da lange Aufenthalte geplant werden, fällt auch das mitgebrachte Inventar groß aus.

Einen ganzen Tag am Strand zu verbringen, das ist aber auch für viele Sizilianer ein Luxus geworden. Das berühmte Dolcefarniente, das süße Nichtstun, ist für viele finanziell nicht mehr so einfach möglich. Zusätzlich hat sich das Strandleben verändert. Laut war es immer an italienischen Stränden. Jeder wollte sein eigenes Radio akustisch testen. Jetzt hat jeder zusätzlich noch sein eigenes Handy mit dabei. Im Hintergrund läuft an vielen Stränden in voller Lautstärke die Musik der Strand-Tanzkurse, an denen jeder teilnehmen kann.

Es gibt aber trotzdem auch Sizilianer, die die Ruhe an Stränden ohne Animation und Tourismus lieben, um das Rauschen der Wellen vernehmen zu können. Einen solchen Strand haben auch wir uns für unseren Picknicktag ausgesucht. Wir hatten zwar nicht viel zu gucken, aber dafür viel zu essen. Und das war uns diesmal ganz recht!

Parmigiana a catanisa
Catanesischer Auberginenauflauf

Zutaten für 4 Personen

4 mittelgroße Auberginen
3 Knoblauchzehen
500 g Tomaten, klein gewürfelt
frisches Basilikum, klein zerpflückt
70 g gekochter Schinken
125 g Mozzarella
100 g frisch geriebener Parmesan, eventuell etwas mehr
2 hart gekochte Eier
Salz, Pfeffer
Olivenöl

Zubereitung: 1 Stunde 10 Minuten plus 1 Stunde zum Entwässern der Auberginen

Auberginen von den Stielansätzen befreien und quer in 1 Zentimeter dicke Scheiben schneiden. Diese dann schichtweise in eine Schüssel legen, jede Schicht salzen. Die gesalzenen Auberginen beschweren.

Nach 1 Stunde die Flüssigkeit abgießen und die Scheiben unter fließendem Wasser abspülen. Jeweils 2–3 Scheiben gleichzeitig in die flache Hand nehmen und das Wasser herausdrücken, Auberginenscheiben abtrocknen und in viel heißem Öl goldbraun braten.

Die Knoblauchzehen abziehen und hacken, zwei Drittel davon in heißem Öl golden anbraten. Die Tomatenwürfel hinzufügen. Etwas Basilikum hineingeben, salzen, pfeffern und die Sauce bei schwacher Hitze leicht einkochen lassen.

Etwas von der fertigen Tomatensauce auf den Boden einer flachen Auflaufform verteilen und mit einer Schicht Auberginen bedecken. Dann mit Schinken und Mozzarella belegen und mit Basilikum und etwas Knoblauch bestreuen. Die Eier in Scheiben schneiden und darüberlegen. Mit einer Handvoll Parmesan bestreuen, mit etwas Tomatensauce zudecken und pfeffern. Dann das Schichten wiederholen, bis alle Zutaten verbraucht sind. Die letzte Auberginenschicht nur mit der restlichen Tomatensauce gut bedecken, mit viel Parmesan bestreuen und noch mit etwas Olivenöl übergießen. Den Auflauf für etwa 30 Minuten bei 200 °C in den Ofen schieben.

La festa della Madonna a Militello
Das Fest der Madonna in Militello

Von Giusi Vicenzino

In meinem Dorf fühlte ich mich wohl. Es ist zwar klein, aber damals erschien es mir groß. Es ist ein Dorf auf einem Hügel, eingeschlossen in einem Tal mit Olivenhainen und Kakteen, reich an Kirchen und arm an Spiritualität. An Festtagen aber zeigt es auch heute noch eine unbändige Lebenslust. Der Vorabend des Madonnafestes wurde von einem gewissen Pepino angekündigt, mit dem Spitznamen „Mäntelchen", weil er seit seiner frühesten Kindheit den gleichen seltsamen Mantel trug. Sein Geist war irgendwann mal stehen geblieben, was dazu führte, dass dieser riesige Mann in Sandalen, kurzer Hose, Hemd und Mantel in einer sehr eigentümlichen Art das Fest verkündete. Er lief durch die Straßen und trug in seinen Armen einen Heiligen, den er selbst aus Holz geschnitzt hatte. Dabei sang er Lobpreisungen.

Das Ereignis, auf das alle warteten und am meisten Vergnügen versprach, war das Feuerwerk. Pepino untermalte das Spektakel mit einer außergewöhnlichen Sangeskunst und kindlicher Unbefangenheit. Dies mit weniger Leidenschaft, wenn der „Klingelbeutel" nicht ausreichend gefüllt war. Am nächsten Tag versammelte sich zu Sonnenuntergang das ganze Dorf, um zum Himmel aufzuschauen. Ein Himmel voller leuchtender Sterne, von dem man anderorts nicht mal zu träumen wagte.

Das Fest der heiligen Madonna, Schutzherrin des Dorfes, findet im September statt. Die Statue mit dem Jesuskind im Arm wird auf einer großen, vergoldeten Trage von fast 20 Männern geschultert und durch die Massen getragen. Die Balkonbrüstungen wurden früher mit den neuesten und saubersten Chenilledecken verkleidet, bedruckt mit vielen bunten Motiven, die einen in eine andere Welt entführten. Heute begnügt sich die heilige Madonna mit

ein paar Plastikfähnchen. Bevor die Schutzherrin wieder in die Kirche zurückgetragen wird, verweilt sie ein wenig auf den Kirchentreppen. Alle Kinder, die während des Jahres geboren wurden, werden entkleidet, das Feuerwerk wird intensiver und das Schreien und Weinen der Neugeborenen verstärkt sich ebenfalls, während die Hände der Väter die kleinen Körper in die Luft strecken und der Madonna unter die Nase halten, die diese notgedrungen segnet. Die Mütter ihrerseits nehmen die weinenden Kinder lachend entgegen und trösten sie mit den Worten: „Was ist los, *amore*? Hast du dich erschrocken? Du brauchst keine Angst zu haben, die Madonna hat dich gesegnet, jetzt geben wir ihr deine Kleider und deinen Schmuck, opfern dies, damit du auch ein kleiner Jesus wirst." Mit der gleichen Schnelligkeit, mit der das Feuerwerk entzündet wird, verstreuen sich dann die Menschen in die verschiedenen Gässchen, um an den verlockenden Ständen mit den köstlichen Düften von *turruni, crispeddi*, Zuckerwatte ... für ihr leibliches Wohl zu sorgen.

Crispeddi 'ccu meli

Honigkrapfen

Zutaten für 15 Stück

300 g Mehl
2 TL Zucker
25 g Hefe
200 g Honig
Puderzucker
Maisöl

Zubereitung: 50 Minuten plus 1 Stunde Teigruhezeit

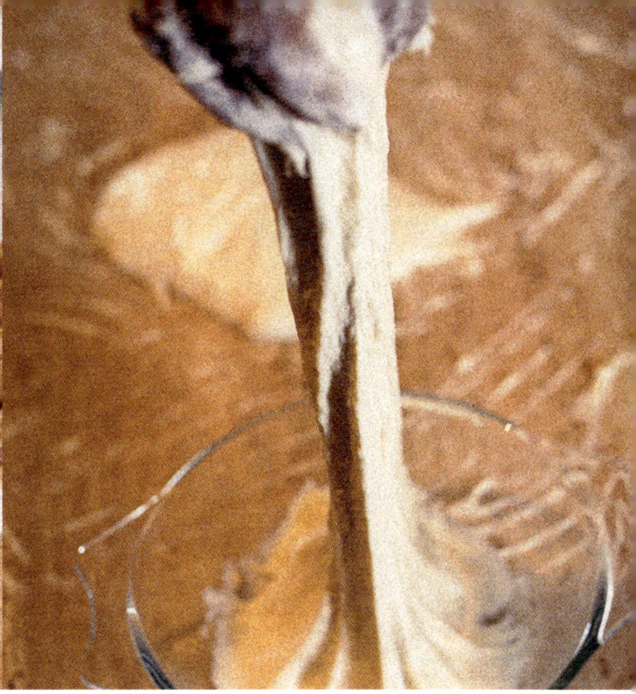

Mehl in eine Schüssel geben und in der Mitte eine Mulde formen. Zucker hineingeben und mit etwas warmem Wasser auflösen. Hefe in 300 Milliliter lauwarmem Wasser auflösen und nach und nach dazugießen, dabei das Mehl vom Rand aus mit der Hefe vermischen. Den Teig kneten und immer wieder etwas lauwarmes Wasser (insgesamt noch ca. 50 Milliliter Wasser) dazugeben.

Den Teig auf eine saubere Fläche legen und mit den flachen Händen schlagen, zusammenrollen, erneut auf den Tisch legen und schlagen, bis ein sehr elastischer Teig entsteht. Diesen dann zugedeckt an einem warmen Ort 1 Stunde ruhen lassen. Der Teig soll beim Aufgehen Blasen schlagen.

Maisöl in einem hohen Topf erhitzen. Mit einem Esslöffel kleine Mengen von dem Teig entnehmen und in dem siedenden Öl goldbraun ausbacken.

Mit einem Schaumlöffel herausheben und auf Küchenpapier abtropfen lassen.

Honig in einem Topf erhitzen und die heißen Krapfen damit so übergießen, dass sie fast darin schwimmen. Mit Puderzucker bestreuen und heiß servieren.

Die Krapfen können auch mit Ricotta gefüllt werden. Aus Spaß wird beispielsweise zu Weihnachten einer der Krapfen auch mit Watte gefüllt.

Turruni di mennula

Torrone mit Mandeln

Zutaten für 4 Personen

200 g ganze Mandeln
200 g Zucker
1 EL Honig
Sonnenblumenöl

Zubereitung: 20 Minuten

Mandeln, Zucker und Honig in einen Topf geben und bei mittlerer Hitze unter ständigem Rühren den Zucker zum Schmelzen bringen.

Der Zucker wird wieder etwas hart, dann braun und dann erneut flüssig. Wenn der Zucker dunkelbraun wird und vom Löffel tropft, die Mandelzuckermasse auf eine mit etwas Öl bestrichene Marmorplatte geben.

Den Zucker mit den Mandeln gut vermischen und in eine längliche Form bringen.

Den *turruni* in gleich große Stücke schneiden und mit dem Verzehr warten, bis er hart geworden ist.

Sagra del fico d'india
Das Fest der Kaktusfeige

Auf Sizilien wird nicht nur gern gegessen, sondern das, was das Land hervorbringt, auch gern gefeiert. So gibt es neben dem Fest der Artischocken im März, dem Fest der Peperoni im Juli auch das Fest der Kaktusfeige im Oktober. Und dieses Fest findet in unserem Geburtsort Militello in Val di Catania statt.

Dieses kleine 8000-Seelen-Dorf, das auf einem Hügel liegt und durch das Überwinden einiger Serpentinenstraßen erreicht wird, ist aufgrund seines spätbarocken Wiederaufbaus nach dem schweren Erdbeben im Jahre1693 neben Catania und fünf weiteren Städten aus der Region Val di Noto von der UNESCO 2002 zum Weltkulturerbe ernannt worden. Von daher ist dieses Dorf auch außerhalb der besonderen Festtage einen Besuch wert.

Die Früchte der Kaktusfeige zeigen sich in unterschiedlichen Farben: in Gelb, Pink, Grün, Rot oder auch in Weiß. Dieses Kaktusgewächs, das von den Spaniern aus Mexiko nach Europa gebracht wurde, ist vielseitig verwertbar. Die schaufelartigen Blätter werden nicht nur als Viehfutter verwendet, sondern man isst sie auch paniert und gebraten wie ein Schnitzel. Natürlich ohne Stacheln! In der Medizin wird der Feigenkaktus bei Diabetes eingesetzt und ein Tee aus den Blüten verspricht Linderung bei Prostata- und Blasenbeschwerden.

Viele aber, und so auch wir, bereiten aus der Kaktusfeige die sizilianische *mostarda* zu, eine Art getrocknete Feigenkonfitüre, die immer auf Vorrat hergestellt wird. Hierfür lädt man sich Familie, Bekannte und Freunde ein. Und während jeder ein bisschen bei der sehr aufwendigen Herstellung mithilft, verbringt man auf diese Weise einen gemeinsamen Tag.

Die *mostarda* wird nach der Herstellung luftgetrocknet und vor allem zu Weihnachten gegessen. Sie wird aber auch gern sofort, wenn sie noch warm und weich ist, verspeist.

danza

Sagra del pomodoro
Das Fest der Tomaten

Das Hauptgemüse der meisten Speisen auf Sizilien ist die Tomate, *lu pumadoru*. Ohne Tomaten lässt sich in der Küche nicht viel zaubern. Wörtlich übersetzt heißt sie der goldene Apfel, denn die erste nach Europa gebrachte Tomate war von gelber Farbe. Das Gold dieser Frucht symbolisiert aber auch die Sonne, die die Tomate von April an bis August in sich aufsaugt und mit der sie im September den Höhepunkt ihrer Reife erlangt. Das ist auch der Monat, an dem geerntet wird und an dem sich Gruppen von überwiegend Frauen treffen, um gemeinsam den Wintervorrat an Tomatensauce vorzubereiten.

Die länglichen, fast birnenförmigen Tomaten der Sorte San Marzano, die am Fuße des Vesuvs und auch des Ätnas angebaut werden, eignen sich besonders gut zur Konservierung.

Durch den fruchtbaren Vulkanboden erhalten die Tomaten einen vollsüßen und aromatischen Geschmack, der durch die Konservierung besonders gut zur Geltung kommt. Und weil diese Sorte sehr empfindlich ist, kann sie nicht industriell verarbeitet werden und wird aufwendig per Hand geerntet.

Da der September der „Tomatenhöhepunkt" ist, kann man an jeder Straßenecke Lastwagen voller Tomaten antreffen, die aufgrund des Tomatenüberflusses preiswerte Angebote machen. Im September kauft man die „echten", in der Sonne gereiften Tomaten. Alle anderen davor sind Treibhaustomaten, die nicht wirklich die Sonne in sich tragen. Um auch im Winter also nicht auf die sonnengereiften Tomaten verzichten und nicht auf Treibhaustomaten zurückgreifen zu müssen, werden diese in allen Variationen eingemacht und konserviert: als passierte Tomatensauce, als Tomatenmark, als geschälte ganze Tomaten und als getrocknete Tomaten.

Pumadori sicchi sutt'ogghiu
Eingelegte getrocknete Tomaten

Zutaten für 1 großes Einmachglas

4 kg frische Tomaten
1 großer Peperoncino
2 Knoblauchzehen
1 Bund Basilikum
1 Bund Minze
grobkörniges Salz
Olivenöl

Zubereitung: 20 Minuten plus Trocknungszeit

Tomaten halbieren, gut salzen und auf eine Bastmatte in der Sonne ausbreiten. Alle 2–3 Stunden wenden. Abends zudecken, damit keine Feuchtigkeit an die Tomaten gelangt. Sollten die Tomaten Schimmel ansetzen, erneut mit Salz bestreuen (befallene Früchte entfernen). Je nach Temperatur 5–6 Tage in der Sonne trocknen lassen.

Zum Schluss können die Tomaten auch bei 50–60 °C im Backofen nachgetrocknet werden. Auch hier dann öfters wenden. Nicht zu hart austrocknen lassen. Sie sollen zwar trocken, aber noch biegsam sein. Schwarze oder gelbe Stellen an den Tomaten abschneiden. Anschließend 2–3 Tage zugedeckt in einem schattigen Raum ruhen lassen.

Knoblauch in dünne Scheiben schneiden, Basilikum und Minze klein rupfen. In ein Einmachglas etwas Öl gießen, dann eine Lage Tomaten hineingeben und mit Basilikum, Minze und Knoblauch bestreuen.

Erneut Öl nachgießen und den Vorgang schichtweise wiederholen, bis alle Zutaten verarbeitet sind. Den Peperoncino ganz in das Glas stecken. Die Tomaten zusammendrücken, damit sie vom Öl überdeckt werden. Die Tomaten bis zum Verzehr etwa 1 Monat im Olivenöl ziehen lassen. Sie können so über viele Jahre aufbewahrt werden.

Da zum Trocknen der Tomaten eine Sonnentemperatur von 45–50 °C benötigt wird, empfiehlt es sich, schon fertig getrocknete Tomaten, die im Handel angeboten werden, zum Einlegen zu verwenden.

Sarsa di pumadoru
Tomatensauce

Zutaten für 4 Personen

600 g reife Tomaten
2 Knoblauchzehen
1 EL fein geschnittene Basilikumblätter
Salz, Peperoncino, Olivenöl

Zubereitung: 30 Minuten

Tomaten kurz in kochend heißes Wasser (es darf aber nicht mehr kochen) tauchen, enthäuten, Stielansätze entfernen und Fruchtfleisch in kleine Stücke schneiden.

Knoblauchzehen abziehen, in feine Scheiben schneiden und in heißem Öl goldgelb anbraten. Die Tomaten dazugeben. Mit Salz und fein geschnittenem Peperoncino und Basilikum würzen.

Die Sauce köcheln lassen, bis die Flüssigkeit verdampft ist. Danach die Sauce vom Herd nehmen und etwas Olivenöl drübergießen. Die Sauce kann nun für weitere Speisen verwendet oder sofort als Nudelsauce, mit einigen Basilikumblättern garniert, serviert werden.

Für die Zubereitung einer Tomatensauce wird immer eine Pfanne verwendet, nie ein Topf, damit die Flüssigkeit besser verdampft!

Pasqua e Natale
Ostern und Weihnachten

Von Giusi Vicenzino

Wenn sich der Monat Dezember näherte, wurden meine Tage in Deutschland melancholischer und ich dachte des Öfteren an mein Dorf zur Weihnachtszeit.
Damals gab es auf den Straßen weder Weihnachtsschmuck noch Weihnachtsbäume, es wurde höchstens von irgend jemandem eine Krippe aufgebaut – mehr nicht.

Ursächlich für die weihnachtliche Stimmung waren die Düfte, die die Straßen vereinnahmten. Auf den Straßen war stets viel Bewegung und wir Kinder waren fast immer alle auf der Straße, um mit Haselnüssen zu spielen.

Für dieses Spiel wurde ein kleines Loch in die Erde gegraben und zwei Kinder warfen mit einem vereinbarten Abstand eine Handvoll Nüsse zu Boden. Dann versuchten wir, mit Zeigefinger und Daumen die Nüsse in das Erdloch zu stupsen. Der Sieger hatte das Recht, einen anderen Spieler herauszufordern. Währenddessen waren unsere Mamme und Nonne zu Hause damit beschäftigt, unzählige Plätzchen, Nudelaufläufe, Stockfische und *scacciate* für den Heiligen Abend, an dem sich die ganze Familie traf, um bis in die Nacht hinein zu essen und Karten zu spielen, vorzubereiten.

Ganz spät am Abend spazierte man dann zum Kirchplatz, wo eine Pyramide, gestapelt aus Holzästen, brannte. Man stellte sich dann um das Feuer herum und sang, begleitet von den *zampognari,* den Dudelsackspielern, einige Lieder. Viele nahmen an der Christmette teil. Am Ende dieser Messe zog der Priester aus einem Säckchen nach dem Zufallsprinzip eine Nummer heraus. Der Besitzer und somit Gewinner dieser Nummer erhielt ein Jesuskind aus Plastik und eine Gottessegnung.

Mittlerweile waren schon Jahre vergangen, in denen wir nicht mehr nach Sizilien fuhren. Mamma sagte, dass wir sicherlich zu Ostern fahren könnten. Vielleicht hatte sie aber auch nur den Wunsch, sich mit ihrer Familie auszusöhnen.

Zu Ostern ist es nämlich Brauch, dass eine dritte Person so lange als Mediator zwischen zwei zerstrittenen Familienmitgliedern dient, bis diese sich zum Mittagessen an Ostersonntag, bei dem Lamm zubereitet wird, zusammensetzen.

Ich muss erwähnen, dass das Osterfest eine der beliebtesten Feste auf Sizilien ist. Die ganze Woche ist reich an österlichen Gebräuchen und Darstellungen, zum Beispiel der aus echten Pflanzen geflochtenen Palme mit ihrer Vielzahl an Formen, die jeder in die Kirche trägt, um gesegnet zu werden und an die Ankunft Jesu in Jerusalem zu erinnern. Oder der Leidensweg Christi, dargestellt in den Prozessionen, bei denen verschiedene Statuen durch die Stadt getragen werden und jede Phase des Leidenswegs dargestellt wird.

Ich erinnere mich, als ich ungefähr sechs Jahre alt war, eine Prozession mitverfolgt zu haben, die aufgrund ihrer Darstellung realer Qualen später abgeschafft wurde. Auf diesem Kreuzweg gab es Soldaten in Römerkleidung und einen Mann, der ein Kreuz auf seinen Schultern trug, dem viele barfüßige, in Jute gekleidete Menschen folgten und sich dabei blutig geißelten. Andere gingen den ganzen Weg auf Knien rutschend und hinterließen damit eine blutige Spur auf der Straße. Die Prozession endete auf einem Hügel außerhalb des Dorfes mit dem treffenden Namen „Martyrium". Das Kreuz wurde am höchsten Punkt des Hügels aufgestellt und eine Holzstatue mit der Abbildung Jesu wurde an das Kreuz genagelt.

An *Pasquetta,* also am Ostermontag, machte man immer ein Picknick. Für mich war es der schönste Tag des Jahres. Die kleinen Hügel meines Dorfes trugen in dieser Zeit Kleider aus Frühlingsgras. Die Landschaft verwandelte sich in ein Meer von Frühling und ich hatte immer eine schaurig-angenehme Angst, mich darin zu verlaufen.

Schon am frühen Morgen erreichten Massen von Menschen diese Hügel. Sie breiteten bunte Tischdecken auf dem Gras aus und aus der Ferne bildeten sie somit die Blumen auf der Wiese. Sie packten aus ihren Körben allerlei Dinge aus, allen voran natürlich gekochte Eier, *frittate* und übrig gebliebenes Essen von Ostersonntag. Man spielte dann mit dem Ball, dem Seil, musizierte oder unterhielt sich ganz einfach. Dies alles verwandelte sich zu einer einzigen großen Familie, bis der letzte Sonnenstrahl müde wurde, sich durch den Abenddunst zu kämpfen, und der Duft der Erde zum Himmel aufgestiegen war.

Ova o 'spezzatinu

Verlorene Eier

Zutaten für 4 Personen

8 Eier
120 g wilder Spargel
8 frische Knoblauchhalme (ersatzweise Bärlauch)
2 EL gehackte glatte Petersilie
1 Messerspitze getrockneter Peperoncino
Salz, Olivenöl

Zubereitung: 30 Minuten

Knoblauchhalme klein schneiden. Von dem Spargel den holzigen Teil entfernen und ebenfalls in kleine Stücke schneiden. Beides mit der Petersilie und 1 Esslöffel Öl in eine Kasserolle geben und alles leicht andünsten.

Peperoncino, Salz und etwa 1 Liter Wasser hinzufügen und aufkochen lassen, bis der Spargel gar ist. Die Eier aufschlagen und in die Brühe gleiten lassen. Topf zudecken und die Eier 2 Minuten im kochenden Wasser ziehen lassen.

Die Brühe mit den Eiern auf Tellern anrichten und mit geröstetem Brot servieren.

Cassateddi di Militello

Ostergebäck aus Militello

Zutaten für ca. 50 Gebäckstücke

Für den Teig:
600 g Mehl (100 g zum Ausrollen)
6 Eigelb
200 g Schweineschmalz
50 g Zucker
1 TL Zimt

Für die Füllung:
350 g Kirschkonfitüre
500 g fein gehackte geschälte Mandeln
100 g fein gehackte Walnüsse
150 g fein geraspelte dunkle Schokolade
70 ml Rum
abgeriebene Schale von 1 unbehandelten Orange
abgeriebene Schale von 1 unbehandelten Zitrone
2 TL Zimt
300 g Zucker
2 EL Honig

Für den Zuckerguss:
2 Eiweiß
250 g Puderzucker
2 TL Zitronensaft

Zubereitung: 2 Stunden plus Kühlungszeit für den Teig

Ofen auf 170 °C vorheizen. Zutaten für den Teig gut miteinander verkneten. Für 2–3 Stunden in den Kühlschrank stellen. Die Zutaten für die Füllung vermischen. Mehl auf eine Arbeitsplatte sieben, Teig 3 Millimeter dick ausrollen und runde Taler mit 4 Zentimeter Durchmesser ausstechen. Für den Rand 2 Zentimeter breite Streifen ausschneiden und aufrecht um die Taler legen. Die Ränder dabei leicht anfeuchten und festdrücken, damit der Teig klebt.

Im Ofen 12 Minuten backen, abkühlen lassen und mit der Kirschkonfitürenmischung füllen. Erneut 12 Minuten im Ofen backen und abkühlen lassen. Eiweiß steif schlagen, Puderzucker nach und nach unterrühren und den Zitronensaft einträufeln, bis der Guss dick und glänzend ist. Die *cassateddi* schnell damit bestreichen und in der Mitte eine Öffnung lassen.

Diese Art von *cassateddi* wird nur in Millitello hergestellt. Die Basis für dieses Rezept erhielt meine Mutter auch aus Millitello und es gilt als ein Geheimrezept, das von Nonnen (die ungern Rezepte weitergeben) stammt. Allerdings hat meine Mutter das Rezept dennoch nach ihrem Geschmack abgewandelt.

600 gr. di farina
8 uova
200 gr. di zucchero
3 cucchiaini di cannella
300 gr. di mandorle
150 gr. di cioccolato fondente
1½ di bicchierino di rum
350 gr. di confettura di ciliegie
2 cucchiaini di miele
1 scorzetta di limone
1 scorzetta di arancia

Scacciata di natali
Gefüllte Weihnachtsteigtasche

Zutaten für 2 Teigtaschen

Für die Teigtaschen:
500 g italienisches Hartweizenmehl
(ersatzweise 2 Teile Weizenmehl Type 550
und 1 Teil Hartweizengrieß)
15 g Hefe
Für die Füllung:
1 kg Spinat (oder Mangold)
600 g Kartoffeln
8 Frühlingszwiebeln
8 Sardellenfilets
10 schwarze Oliven
4 in Öl eingelegte getrocknete Tomaten
400 g *salsiccia* (Wurstbrät oder
gemischtes Hackfleisch)
4 EL passierte Tomaten
300 g Pecorino primo sale
2 gehäufte EL geriebener Pecorino siciliano
Salz, Pfeffer, Olivenöl

Zubereitung: 2 Stunden

Aus dem Mehl und der Hefe den Teig für die *scacciata* wie auf Seite 82 zubereiten.

Spinat verlesen, waschen, in kleine Stücke schneiden, in einen Topf geben, salzen, zudecken und gar dünsten. Abgießen, erkalten lassen und Flüssigkeit mit den Händen herauspressen.

Kartoffeln schälen, in Scheiben schneiden, in heißem Öl anbraten, auf Küchenpapier abtropfen lassen und salzen. Frühlingszwiebeln in der Mitte spalten, in große Stücke schneiden und in Öl anbraten. Sardellenfilets dazugeben. Oliven halbieren, getrocknete Tomaten klein schneiden, hineingeben, etwas mitbraten und dann den Spinat dazugeben. Pfeffern und kurz schmoren lassen. Tomaten hinzufügen und weitere 10 Minuten schmoren.

Ofen auf 250 °C vorheizen. Teig rund ausrollen und auf ein gefettetes Backblech legen. Eine Teighälfte mit Spinat belegen. Darauf die *salsiccia* in kleinen Stücken verteilen. Dann mit dem in dünne Scheiben geschnittenen Pecorino belegen und mit dem geriebenen Pecorino bestreuen. Zum Schluss eine Lage Kartoffelscheiben drüberlegen, pfeffern, mit etwas Olivenöl beträufeln und zur Teigtasche zuklappen. Die Ränder festdrücken. Mit einer Gabel mehrmals in den Teig stechen, mit Olivenöl bestreichen, mit schwarzem Pfeffer und geriebenem Pecorino bestreuen und für etwa 20 Minuten in den Ofen schieben.

3

Mamma Maria!
Rezeptverzeichnis

Virdura - Gemüse

Pasta & Pani - Nudeln & Brot

Mille grazie ...

Tausend Dank ...

... an meine Mamma Maria für das unermüdliche Zubereiten von oftmals mehreren Speisen an einem Tag. Ohne sie würde dieses Buch gar nicht existieren.

... an Florentine Schwabbauer vom Christian Verlag, die nicht nur sofort erkannt hat, dass mein Manuskript mehr enthielt, als mir selbst bewusst war, sondern auch, dass es bei meinem Lieblingsverlag wunderbar aufgehoben ist. Und ebenfalls aus dem Verlagsteam an Tanja Germann für ihre so herzliche und motivierende Betreuung, an Petra Tröger für die wertvollen Tipps bei der Durchsicht der Rezepte und an Thomas Fischer und Bettina Schippel für die freundliche technische Unterstützung.

... an meine Schwestern Giusi für die schönen Geschichten und an Rossella für die Hilfe beim Übersetzen.

... an Chiara, Valeria, Giuseppe, Leah, Santo, Maria, David und Zio Totó für das spontane beziehungsweise unbewusste »modeln«.

... an Cannizzaro Rosario von *Bar Dallí* für seine Zeit, Freundlichkeit und die hübsche Cassata.

... an Gabi und Solveigh für die Aufmunterungen.

... an Professor Ivan Castrogiovanni für seine Hilfe bei der Durchsicht der sizilianischen Ausdrücke.

... an die Fischer der *pescheria Catania* für ihre fotogene Authentizität.

... und besonderen Dank an Joachim, nicht nur für das geduldige Nachkochen der Rezepte, sondern auch für den lieben Halt während der ganzen Entwicklungsphase des Buches.